논 증

담화에서 사고까지

조르주 비뇨

임기대 옮김

東 文 選

논 증

GEORGES VIGNAUX

L'argumentation

Du discours à la pensée

© 1999 Hatier

This edition was published by arrangement
with Hatier, Paris
through Sybille Books, Seoul

차 례

논증이란 문제로의 중대한 복귀

말한다는 것은 무엇보다도 이야기하는 것이며, 이야기한다는 것은 논증하는 것을 의미한다. 이런 것이 공적인 문제이든 혹은 사적인 문제이든간에 토의한다는 것은 중요한 것이며, 우리는 어떤 것에 대해서도 토의한다. 문제는 다른 관점, 즉 대화자의 관점이나 사회에 의해 산출된 관점과 비교하여 우리의 관점을 자주 논증하는 것, 다시 말해서 옹호하는 것과 관련된다. 우리로 하여금 사람을 설득할 필요가 있다거나, 논쟁을 드러낸다거나 혹은 개개인이 자신들이 옳다고 다른 사람에게 보여야만 할 때, 논증은 사고 파는 상업이나 개개인의 생활에서 만큼 정치에서도 일상적인 것이 된다. 다른 사람을 설득하지 못한다거나 자신의 생각을 옹호하지 못할 경우에는 논쟁하지 않는다. 모든 토론이 존재하는 이유는 사실이나 원리·이유를 토론에다 갖다붙이기 때문인데, 그것은 최고의 논법을 얻어내려는 것이다. 개개인은 그런 식의 토론을 나름대로의 방법을 가지고 시도하며, 우리 자신은 종종 토론한다는 것을 아는 것이 조금이라도 옳은 생각을 가지고 있거나, 좋은 형식을 갖기만 한다면 모든 사람의 이해 능력의 범위 안에 있다고 생각하게 된다. 이런 믿음은 얼마 되지 않은 사람들이 자신들의 토론이나 추론 능력을 통제하는 방법을 성찰할 것을 설명해 준다. 그렇지만 논증한다는 것은 스스로 배워지는 것이다. 우리는 논증의 형태와 방법에 대해 심리학에서 자연적 추론의 모델을 분석하고 테스트하는 것과 마찬가지로 생각해 볼 수 있다. 왜냐하면 논증한다는 것은 심리학이나 논리학에서 만큼이나 언어에 속하는 문제이기 때문이다.

논증은 말(parole)에서, 그리고 구두 논쟁에서 나타나게 되고, 이 구두 논쟁은 역사적으로 우리 사회의 초석을 마련해 준 제도, 예를 들어 재판이나 법원, 정치와 국회에 있어서는 중요한 것이었다. 하지만 쓰여진 담화를 구성할 줄 안다는 것과 생각을 논증할 줄 안다는 것은 마찬가지로 대단히 중요한 것이다. 우리는 그런 것이 정치나 경제에 관한 것이든 혹은 운동에 관한 것이든, 심지어는 과학적인 것이든 일간지에서 보게 될 뿐만 아니라, 특히 우리 지식이 분배되는 데서 보게 된다. 바로 그런 이유로 프랑스의 중학교나 고등학교에서 사람들이 예전에는 **수사학**(rhétorique), 즉 말하고 설득하는 예술이라고 불렀던 것을 더 이상은 가르치지 않는다 할지라도, 오늘날 대학 입학 고사의 쓰기 시험에서 고전적인 수사 예술——써서 논증을 제시하거나 원래의 텍스트에 주석을 붙일 줄 아는 예술——을 부활시킨 것과 동시에, 강력한 논술 시험이 항상 존속하게 되는 것이다. 19세기까지 이 두 가지 교육은 문화를 형성하는 데 중요한 한 축을 형성하고 있었다. 그리고는 20세기 초·중반을 지나면서 철학자들이나 언어학자들·심리학자들은 논증에 대해서 관심을 갖지 않았으며, 수사학은 더 이상 좋은 연구 주제가 되지 못했던 것이다. 오늘날의 사람들은 논증에 대해 가르치기 시작했을 뿐만 아니라, 방법에 대해서도 수많은 책들을 발간하였는데, 그 책들은 담화 분석의 기교나 우리 생각을

진술하려는 예술에 몰두한다.[1)]

이와 같은 중요한 복귀는 페렐만과 올브레히츠 티테카의 《논증의 개요》가 1958년에 출간된 사실에서 기인된다. 철학자·법학박사이며, 브뤼셀 자유대학 교수인 페렐만은 그가 활동했던 주요 부분을 형식 논리와 분석철학을 교육하는 데 할애했다. 하지만 수사학에 대한 연구[2)]에서 그는 이미 오늘날 우리 민주주의의 도덕이나 기능의 토대를 마련하는 것들, 즉 정의나 공정성, 행동의 책임 등과 같은 일반적 의미에서의 **가치**들과 형식간에 존재하고 있는 구분점을 발전시켜 나갔으며, 조금씩 실제적 추론 형태에 관심을 갖기에 이르렀다. 사회심리학에서 교육을 받은 올브레히츠 티테카는 이와 같이 인간 관계나 담화를 교환하는 데 관계되고 있는 정열적인 부분에 몰두하였다. 이들 두 사람은 비형식적인 논리에 대해 쓰여졌던 것을 살펴보고자 했으며, 또한 논증 텍스트를 연구했고, 마지막으로는 아리스토텔레스가 있던 시대까지의 오랜 전통으로 거슬러 올라갔다.

이런 경로가 모든 종류의 논지와, 그것들의 효과를 요약하고 있는 진정한 사전인 《논증의 개요》를 출간하게 했을 뿐만 아니라, 이 책의 부제목이 일러 주고 있는 것처럼 예전에는 **사변수사학**이라고 불렸던 것을 다시 읽는다는 의미에서 '새로운 수사학'을 만들게 된 것이다. 사변수사학은 넓은 의미에서는 논리학을 취급하고, 언어에 고유한 창작 방법을 알려 줬으며, 우리가 일반적으로 하는 추론 과정에서는 과학에서 증명된 확실성과는 대조적으로 **개연성·수긍성·있음직함**에 속하는 모든 것에 관여하게 되었다.

그리하여 수사학과 논증을 대조한다는 것은 고대 그리스의 위대한 전통과 접목하는 것을 의미했다. 그렇다면 왜 이런 복귀를 꾀한

단 말인가? 그 문제에 집중되고 있는 두 가지 이유를 살펴보자.

첫번째 이유는 페렐만이 제2차 세계대전 때 유대인들의 집단학살, 즉 오늘날의 사람들이 쇼아라고 부르는 것과, 이와 같은 대량학살은 잔혹한 웅변가라 불리는 아돌프 히틀러가 말한 수많은 담화 중에 '예정되었다'는 사실에 의해 변화되었다고 한 데서 기인된다. 바로 여기에 첫번째 이유가 있는데, 그것은 통제되지는 않지만 절대적으로 논리적인 말은, 이성의 결여나 파괴·죽음 및 전체적인 자유 의지를 끌어들일 수 있다는 것이다. 바로 그런 이유로 유대인이자 벨기에 사람인 페렐만은 《지식 안에 있는 자유 의지로부터》[3]라고 이름 붙여진 저서를 1934년에 준비하고, 발행하는 것에 대해 다른 사람들보다 더 예민했던 것이다.

두번째 이유는 《논증의 개요》라는 책이 출간된 맥락에서 기인된다. 50년대는 우리가 '소비에트 진영'(구소련과 그 위성 국가들)이라고 부른 것과 자유 진영 국가(미국과 서유럽)라 부른 것을 대립시켰던 '냉전'의 시대이다. 소위 말해서 '부르주아' 민주주의에 반대하는 유럽에서 아주 힘이 막강한 공산당의 담화는 엄청나게 폭력적이었다. 거기에서 페렐만은 공산주의 이론이 이전의 전체주의적 담화를 답습하고 있다는 것을 보게 된다. 특히 그에게 위험해 보이는 것은 민주주의를 실행하는 데 있어서 정의의 개념이다. 민주주의를 실행하는 데 있어서 논쟁이 없이는 정의를 생각할 수 없으며, 공공 논쟁이나 이와 같은 공공 논쟁을 취급하는 논지를 통제하지 않고서는 실증적, 다시 말해서 실제적인 논쟁을 기대하기는 어렵다. 그에게 중요한 것은 "실제 이성의 문제, 행동에서 이성의 역할에 대한 결정"[4]이다.

이와 같은 역사적 예비 행위가 소용이 없어 보일 수도 있지만,

전혀 그렇지만은 않다는 것을 나는 증명해 보고자 한다. 논지한다는 것은 토론한다는 것이고, 토론한다는 것은 생각을 대조해 보는 것이며, 다른 사람의 생각을 인정하고, 그 사람의 생각을 알게 하는 것이다. 모든 것은 논리의 문제와 관련된다. 어떤 것은 정보를 제공하고 명시적이며, 또 어떤 것은 함축적인데다 거기에 동조하려는 것, 조작하려는 것을 주목적으로 하는 다분히 조작이 가능한 것이다. 바로 그것이 논증에 대한 자연 논리의 중요성을 이해시키려는 것인데, 이 책이 바로 그 부분에 대해서 할애하고 있다. 필자는 이 조그마한 책이 유용하게 쓰이게 되기를 바라는 것 이외의 어떤 다른 욕심도 갖고 있지 않다.

I

논증의 개요: 새로운 수사학

페렐만에게 있어서 수사학 역사의 목표 그 자체는, 사람들의 실제 추론을 통제하는 방법에 대한 연구를 갖고 있는 기나긴 연구 작업의 연속체에 불과하다. 만약 우리가 사회사적 구조와 논증의 형태나 양식간의 관계를 비교할 것을 제기한다면, 시대에 따라서 이와 같은 담화가 진보하는 것은 참과 의견간의 관계를 위치시키려는 방법의 철학적 역사에 일치한다는 것을 알게 된다. 우리는 청자를 명시적으로 정해 놓지 않고서는 논증을 정의할 수 없게 될 것이고, 페렐만에 의하면 이론이 존재한다는 것을 가정하지 않고서는 **이성·가치·사실**에 대해서조차도 말할 수 없으며, 우리의 일상 담화가 지향하고 있는 모든 개별 청자가 **보편적인** 청자와 비교하려는 것에 대해 말할 수 없을 것이라고 한다. 나는 이와 같은 보편적 청자가 한 시기의 이성에 토대를 두고, 어떤 담화(예를 들어 68년 5월의 담화)는 규합되어질 수 있으며, 언어의 상태와 주어진 상황간의 결합을 분석하는 역사가들이 발견하게 되는 중요한 것을 통해서 이해될 수 있다고 말하려 한다. 이와 같은 일치를 정당화해 주는 요소들의 속성과 논증에 찬동하는 것간에는 항상 상호 작용이 있게 마련이다. 모든 담화는 담화가 진척시켜 가는 논지에 따르고, 동시에 그것을 수용하고 분간할 줄 아는 청자에 따르게 된다.

그러므로 가치 판단과 실체 판단을 구분한다는 것은 참으로 불가능한 것이다. 확실히 모든 논증은 수없이 일치되는 것이나 관점, 즉 약속이나 중요한 생각 등을 조직하기 위해서 사용되고 있다. 하지만 경험이란 것은 청자와 독자가 허용하고 있는 것을 알기에는 충분하지 않다는 것을 보여 주고 있다. 마찬가지로 묵인하거나 묵인하지 않는 것을 알아야만 한다. (법률적이거나 과학적인 것과 같이) 특별한 청자들의 구성원들은 우리가 전문화됐다고 말할 수 있는 영역에 속할 수 있으며, 동시에 그 구성원들은 일반적이고 가장 공통적으로 배분된 지식의 의미에서 보편적인 청자의 성질을 띠고 있다. 법률적이고 과학적이며 철학적인 논증간에 관계가 있다는 것과, 그와 같은 관계가 수사학적 배열이라는 것에 대해 전혀 놀랄 만한 일이 못 된다. 다른 담화의 부류를 연결시키는 이런 식의 수사학은 한순간의 사회적 담화에 공통된 일종의 **메타 언어**이다. 그것은 결정된 시대의 독특한 세계의 시선을 모으는 **일반 공리**[1]와도 같은 것이다.

과학이 확립되었을 때, 모든 연역의 논리는 창조적 선택에 속하게 되었다. 오늘날 물리-수학조차도 필연적 참에 의해서 그 분야의 이론들을 그대로 옮겨 놓지 않았으며, 더 많이 일관성 있고, 좋은 기회를 참조하게 하였다. 틀림없이 모든 과학적인 것을 구성하는 것의 기원에는 하나의 선택, 그 이상의 가치 판단이 있다: "모든 과학적인 방법은 형이상학적 기초나, 적어도 실체의 속성에 대한 몇 가지의 공리를 포함하고 있다."[2] 그런 사실로부터 과학적 논지조차도 항상 가치 판단을 구성하고 있으며, 논증의 논리는 반드시 선택의 논리라는 것을 결론지을 수가 있다. 어떤 논증도 독자나 청자에 맡겨진 지지를 피할 수 없다. 더 바람직한 논리나 참이 아닌 논증은, 나의 의미에서는 근본적인 양립 불가능성에서 유래되는 수사학적 전통을 띠게 되는 가치 하락을 겪게 된다. 그것은 한편으로 논리학자들이 수학적 정교함을 겨냥한다는 의미에서 형식적이라 불리는 언어를 구축하려고 했으며, 다른 한편으로는 그 논리학자들에게서 자연 담화의 규칙을 정의하기 위한 같은 형태의 모델을 구축하는 것이 불가능하다는 것을 확인했다. 이와 같은 양립 불가능성은 논증의 분석을 명시해 줄 수 있는 청중·장소·상황과 같은 외적 조건의 문제에 관한 논증의 분석을 버리도록 했다.

그런 것이 페렐만의 입장인 듯이 보인다. 그가 지식의 실행에 필요한 수사학적 조건을 조작한 분석은 정확하게는 과학적 담화와 철학적 담화를 비교하는 데 있어서 유익하게 남아 있다. 과학적 담화는 논리적 발화체나 경험적 사실에 기울이면서, 객관적이려고 한다. 과학적 담화는 무능력하다는 고통을 감수하면서 보편적 인식을 주장한다. **기교의 원리**[3]는 과학적 담화에 공동의 의식을 사용할 것을 허용한다. 게다가 어떤 개념을 수정해야만 한다면, **수정의 원리**는 그 개념들을 새로운 관점에다 설정해 나가면서 개별 사실들을 다시 취할 것을 허용할 것이다. 흡수된 고전물리학에서는 사정이 그러하지만, 핵물리학과 파동물리학에 의해서는 다시 문제시되는 것이 아니다. 반면에 그 나름대로의 가치를 지니는 철학적 담화는 주관적으로 남겨져 있다. 철학적 담화는 그런 것을 강요하지 않고, 보편적 동의를 받을 만한 가치가 있다.

철학적 담화의 단점에 대한 이유를 발견한다는 것은 페렐만에 의해서 논증의 논리에 부여된 목표이다. 그는 논증의 논리를, 규칙을 향해 거슬러 올라가기 위해 구체적 관찰로부터 출발하기 때문에 **역진적** 속성이 있는 것으로 정의하고 있다. 그런데 역진적이란 말은 어떤 논지를 주장하는 철학자나 웅변가들의 개인적 책임에 이익이 되도록 하는 보편적 이성의 거부를 의미하고 있다. 모든 논증은 그 사고의 선택에 대해서 답변을 하고, 동시에 그 영역에 있는 능력 있는 사람들의 동의를 불러일으켜야만 할 것이다. 그와 같은 사실로부터 "어떻게 담화가 참을 구축할 수 있는가"라는 근본적인 질문이 제기된다. 하나의 명제가 참인가 거짓인가 하는 것을 말하는 데는 어떤 의미가 있는가? 이렇게 빠져드는 딜레마에 대한 답변은 참-거짓이라는 한 쌍의 층위에서 생각될 수 있다. 주체가 매번 자신의 담화에서 참을 제기할 때마다, 반대로 그는 자신에게 잘못된 것으로 제기된 순간부터 세상의 어떤 표상의 형태를 결과적으로 배제시킴으로써 실질적이거나 참으로 발화된 영역이나 대상에 회부함으로 해서 실수가 무엇인가를 정의내릴 것이다.

이와 같이 모든 논증의 한 중심에서는 **대립과 반대의 변증법적 게임 양상**을 볼 수 있게 된다. 모든 담화는 사물과 세상을 나타내려는 다른 방법을 암시하려는 목적으로 새로운 경계점을 만들어내고 있다. 바로 그런 이유로 페렐만은 청자들의 지지 조건과 사회적 담화의 수용성에 토대를 두는 것에 관심을 갖는다. 만약에 논증이 존속하는 것이 청자가 있다는 것을 가정하는 것이라면, 논증의 발전은 청자의 합의를 내포하고 있다. 이런 합의는 동시에 약속의 내용이나 그 약속의 선택, 약속의 진술에 영향을 미칠 것이다. 그러므로 청자들을 통합하기에 좋은 대상의 합의 형태를 정의해야만 하고, 어떤 논증에 적절한 합의가 있는지를 검토해야만 한다. 이것이 어떤 논쟁의 **주제**에 대한 관여성과 중요성의 문제가 되는 것이다. 시대나 상황에 의한 어떤 담화의 유형은 발전할 것이고, 다른 어떤 것은 그렇지 않게 될 것이다. 심지어 담화 소재조차도 수많은 **대상들**의 존재를 강요하고 있는데, 그 대상들이 없다면 논증은 문제가 되는 것이 무엇인지를 청자나 독자들에게 알려주기에 충분한 **지표**를 발전시킬 수도, 갖출 수도 없을 것이다.

페렐만은 모든 담화[4]에 공통되고 있는 여러 가지 형태의 대상을 구분하고 있다.

1) **사실들**: 실제하고 있는 자격을 갖고 있거나 그렇게 주어지는 것, 혹은 대다수가 그렇게 생각하는 데 일치하는 것.

2) **진실들**: 과학적인 이론이나 철학적 개념, 혹은 종교의 초월적 경험에 관계된 것보다 사실간의 연결에 더 관련되어 있는 복잡한 체계들.

3) **추측들**: 정상적인 것이나 사실임직한 것을 보증하거나 정당화하는 것으로 받아들이도록 인식된 선입견이나 견해들. 예를 들어 이와 같은 공통의 견해에 의하면, 행동의 자질은 그 행동을 했던 사람의 자질을 나타낼 것이다.

4) **가치들**: 규범에 근접해 있는 이와 같은 원리들은 법률적이고 철학적이며, 정치적인 논쟁을 유도할 것이다.

5) **계층들**: 동물에 대한 인간의 우위성이나, 인간에 대한 신의 우위성.

6) **장소들**: 아리스토텔레스가 말하는 바로는, 가치를 마련하려는 데 사용하는 아주 일반적인 배열의 약속이나 일반 공리를 일컫는다.

이 여섯 가지 합의 대상이 페렐만에게는 모든 담화를 이해하기 위한 근본적인 조건들을 나타내 주는 것이다. 모든 논증은 이런 요소들로부터 발전될 수 있고, 발전되어야만 한다. 하지만 논증을 이해하기 위해서는 무엇보다도 청자가 무엇인지를 특징지어야 하며, 이것을 하기 위해서는 청취자의 유형을 만들어야 하거나, 반대로 담화의 기술(표현 양식, 논리적 배열, 의견의 **일반 공리**)만이 국부적이고 일반적인 지지를 생각하고 산출하는지를 생각해야만 하는가?

사회학의 경향은 애매하게 분류된 이름(정치학·과학·법률학 등)으로 일종의 담화의 식물학에 이르게 할 수 있겠는가? 혹은 논리학의 연구가 자연적 추론의 형태라는 말로 모든 형태의 논증을 설명하리라고 보는가? 첫번째 가설은 우리를 곤경에 빠지게 한다. 매번 분류를 할 때마다, 담화는 무엇을 하는가? 두번째는 내가 보기에 더 유익해 보이며, 내가 그것을 채택한 이유를 말해 주는 내용이다. 그 두번째 가설은 논증하려는 예술에 감춰져 있는 자연 논리 형태에 접근하려는 목적으로 과거나 현대의 수사학을 다시 질문하는 곳으로 우리를 인도해 간다.

II

초기 수사학

　수사학은 이와 같이 일종의 **메타 언어**(언어가 여러 상황에서 만들고 허용해 주는 것을 묘사하고 분석하기 위한 언어에 대해 말하는 언어)라고 할 수 있는데, 서양에서는 기원전 5세기부터 19세기까지 지배해 왔던 분야이며, 이 시기 동안에 일상 생활에서 실행되는 것만큼이나 교육에서도 다른 모습의 형태를 띠며 나타난다.

　수사학은 동시에 다음과 같은 내용을 담고 있다.

　1) 수사학은 독자들의 형태나 주제에 따라서 청자를 설득하고, 담화를 어떻게 만드는가를 설명하기 위한 기술이고 '예술'이며, 규칙이나 방법의 총체이다.

　2) 언어의 효과를 적용하면서 관찰하려는 '과학,' 다시 말해서 구체적인 내용과 세계나 지식의 영역에 영향을 미치는 응용논리학이나 자연논리학과도 같은 것이다.

　3) 사람들 앞에서 표현하려는 텍스트와 예술의 구성 교육을 일컫는다. 이런 교육은 오랫동안 고등 교육이나 최고 고등 교육의 '핵심'이 되었다.

　4) 언어나 정열을 더 잘 통제하려는 목적을 위해 원리라는 형태 하에 존재하는 '윤리학'이다.

　5) 오랫동안 언어는 힘이기 때문에, 사람들이 단지 말을 잘하고

잘 쓸 줄 아는 사람의 힘을 사용한다고 생각했다는 면에서, 엘리트들에게 수사학의 교육을 맡기게 되는 사회적 관행이 되어 왔다. 정치를 하려는 후보자들에 의해 추종되고 있는 학교 같은 곳에서 그런 관행의 잔재를 현재 다시 발견하게 될 것이다.

6) 역할의 근원이 된다. 표현의 예술로서 혹은 자신의 연출의 예술로서 수사학은 온갖 종류의 역할, 즉 반어법이나 오류의 추론·패러디 등을 하는 데 동참한다.

수사학은 항상 사용될 수 있는 형식이나 계약보다 더 좋은 것이다. 수사학은 2천 년 이상 우리 문화의 참된 영역을 이루어 왔으며, 언어를 우리에게 나타내 주는 방법과 담화의 예술을 구성해 주는 방법을 나타나게 해준 영역이다. 나는 이런 영역을 확신, 지성이나 대중들의 조작 형태에 대해서는 주장하지 않고——왜냐하면 그런 것들은 내가 취급할 내용이 아니기 때문에——문법이나 문체, 그리고 논리학에 속해 있는 시간과 차원 속에서 동시에 탐색해 나갈 것을 제의하려고 한다.

1. 수사학의 탄생

수사학은 법률에서의 효력과 소유에 대한 소송 과정에서 탄생한 것이다. 기원전 485년에 2명의 시칠리아인 독재자 히에론[1]과 겔론[2]은 전체 인구를 강제 추방시키고, 시라쿠사[3]에 살게 하기 위해서 그들을 수용했으며, 그들 재산을 외국 용병들에게 준다. 그들은 민중 봉기가 끝난 후에 전복되었다. 우리가 이전 상황으로 다시 돌아가고자 했을 때, 법률에는 이루 헤아릴 수 없는 소송이 있었다. 왜냐하면 소유에 대한 권리가 소멸되었거나 혹은 불분명하게 되었기 때문이다. 이런 소송 과정에서 원고인들의 보호자들은 굉장한 말 한 마디로 배심원들을 설득시켜야만 했고, 일반 대중이 좋아하는 배심원들을 참석시켰다. 아주 빠르게 웅변술을 가르치려는 생각이 자라나게 되었다. 수사학의 첫번째 교수는 그리스 철학자인 아그리젠토[4]의 엠페도클레스, 시라쿠사에 그의 학생인 코라크스와 티시아스가 있다. 이와 같은 교육은 이후 아테네에 널리 퍼지게 되었다.

2. 수사학, 추론의 과학

아리스토텔레스는 논지하려는 예술에 대한 위대한 창시자라고 우리는 감히 말할 수 있다. 게다가 이런 사실은 틀림없는 사실로 받아들여지고 있는 상황이다. 특히 아리스토텔레스는 우리 문화의 근원에서 보자면 두 가지 기술인 **수사학적 기술**이나, 혹은 일상에서의 의사소통 예술과 **시학적 기술**의 사고가임에 틀림없다. 첫번째 목표는 담화란 것이 어떻게 생각에 따라 사고를 확대해야만 하는가를 교육하는 것이고, 두번째는 시학의 창조성이 영상에 따라서 처리될 때 그 시학의 창조적 분석에 몰두하는 것이다.

아리스토텔레스에게 수사학이란 무엇보다도 추론의 과학이다. 그는 수사학을 "모든 주제가 함유하고 있는 확신의 정도를 그 주제로부터 발췌해 내는 예술"이나, 혹은 "매경우에 있어서 사색적으로 설득하기에 적절할 수 있는 것을 발견하는 능력"[5]으로 정의내리고 있다. 그러므로 수사학이란 진정으로 **기술**, 다시 말해 있을 수 있거나 있을 수 없는 대상을 통합하거나 종합하는 방법인 것이다. 이런 대상의 기원은 그것을 창안한 사람에게 있지 창안된 대상 안에 있는 것이 아니다. 자연적 대상을 취급하는 기술이란 존재하지 않고, 담화는 이와 같은 자연적 대상과는 별개이다. 아리스토텔레스에 의하면, 담화란 커뮤니케이션 상황에 있는 모든 메시지로서 조직되었다. 그런 사실로부터 나오게 된 그의 유명한 개론서인《수사학에 관하여》는 3권으로 나뉜다. 제1권은 웅변가를 위한 책이다. 이 책에서는 대중들에게 담화를 적용하거나 논지하는 개념을 취급하고 있다. 제2권은 메시지의 수용에 관한 책이다. 거기에서는 대중에게 스쳐가게 하는 감정과 **정렬**, 그리고 대중이 논지를 수용할 수 있는 방법이 문제가 된다. 제3권은 한편에서는 본래의 의미대로 말하자면 분석과 더불어 담화를 강조하는 예술, 즉 **가상 판단**의 담화에 접근하고, 다른 한편에서는 품사나 담화 어순을 조직하기에 알맞은 정렬에 접근하고 있다. 아리스토텔레스의 수사학은 그가 **생략삼단논법**이라고 부른 가능성의 추론수사학이거나 근사치의 삼단논법 수사학이다. 상식에 초점이 맞춰져 있고, 대중들의 심리학을 설명하는 데 관심을 두는 논리학은 민주주의 발전에 공헌하면서 대립과 협상에 한정시켜 놓고 있다.

϶. 트리비움[6]: 중세의 수사학

특히 고대에 구두 형태였던 수사학의 교육은, 오늘날에도 여전히 정치적이거나 텔레비전 논쟁에서 영감을 얻는 역설적 형태를 취하면서 중세 전체에 영향을 끼치게 되었다. 실제로 8세기부터 수사학의 교육은 상대를 제거하려는 목표를 갖는 투쟁적 책략을 취하게 된다. 그런 이유로 재능이 풍부한 학생인 피에르 아벨라르 (1079-1142)[7]는 그의 스승인 기욤[8]을 굴복시키고, 대중들의 넋을 빼앗아 간다. 학생들은 스승의 교훈을 매수한다. 상업의 경쟁은 생각의 언쟁과도 일치한다. 두 개의 커다란 학파가 실행하고 있는 것은 텍스트에 붙여진 해설인 **교훈**과, 며칠 후 스승의 주재하에 주도되어 해결책을 결정하려는 변증법적 투쟁인 **논쟁**이 있다. 사람들은 말에 대해 정정당당함을 띠게 되고, 공격성의 발현은 규칙에 따라서 사용되었다. 모든 사회적 명성은 쓰는 예술에서가 아니라 말의 예술에 있게 된다.

중세에 문화란 사물과 사고의 거대 분류와 **예술**의 망, 다시 말해서 이득이 되는 목적에서 사용되지 않을 경우에 '자유 예술'이라 일컬어지는 규칙에 따른 언어의 망을 포함하는 것이다. 문화는 철학이 변증법으로 귀착되고, 전체 지식이 **문헌학**, 다시 말해서 그들 의미의 단어와 기원에 대한 성찰이라는 사실과, **문법**(grammaire)이나 **문법**(Grammatica)이 **수사학**(rhétorique)이나 **수사학**(Rhetorica)의 모태라는 사실과는 달리 오늘날의 일반적인 문화라는 것에 일치한다. 파리나 샤르트르[9] 성당의 외관을 포함하여 곳곳에서 보게 되는 이 두 가지 비유는 두 여성에 의해 나타났다. **Grammatica**는 아이들의 실수를 고치기 위해 칼과 줄을 조그마한 상자 속에 놓아두는 늙은 여성이고, **Rhetorica**는 상대편 적을 상처입히게 하는 무기를 놓아두며, 온갖 모습으로 장식된 옷을 입은 아름다운 여인이다.

트리비움은 말이 있을 자리를 설정하기 위한 중세의 노력을 그대로 옮겨 놓고 있다. 왜냐하면 말이란 것은, 단지 표현에 그치는 것이 아니라 단번에 구성을 말하고 있기 때문이다. 그런 사실에서 시대에 따라 차례로 지배하게 되는 다음의 세 가지 분야간에 사용되는 용도에서 트리비움에 합치되는 중요성을 보게 된다: 5-7세기의 **수사학**, 8-10세기의 **문법**, 11-15세기의 **논리학**이 있다.

중세의 수사학은 추론하려는 예술과 창안해 내려는 예술로서 삼단논법을 생각하려 한 아리스토텔레스의 전수 방식을 상실했다. 중세 수사학은 꾸밈이나 수식을 하는 데 더 큰 관심을 나타내고 있다. 중세 수사학의 영역은 두 가지 형태의 규칙이나 행동을 포함하고 있다. 일반적으로 구두 예술이라 할 수 있는 **설교 행위**(종교적 설교나 도덕에 호소하는 담화)와 서한 예술에 일치하는 **필기 행위**가 있다. 샤를마뉴 대제 때부터 발달된 행정은 문법에 토대를 둔 행정과 잘 쓰여진 서신 이론을 야기시키게 된다.

4. 문 법

문법의 중요성은 당시에는 풀다·생갈·투르와 같이 유명한 학교에서 그 기반을 두었다. 문법 교육은 일반 교육이나 예전·성서·시 등을 포함하고 있다. 이와 같은 문법 교육은 중세에 상당히 알려진 두 인물 도나투스와 프리스키아누스에 의해 강조되었다.

350년경에 도나투스는 질문과 대답 형식으로 여덟 문장을 취급하는 《소문법론》의 저자였었다. 그가 성공했다는 사실은 문법에 대한 몇 가지 기본 개론이 그의 이름을 취하고 있다는 점에서 엄청나다. 사람들은 그런 개론을 **도나트**라 일컫고 있다. 5세기말에서 6세기초의 프리스키아누스는 비잔틴 제국에서 라틴어 교수를

하고 있었다. 그의 《문법의 기초》는 문법과 마찬가지로 시에서 법칙을 만들어 내려는 규칙 개요서이며, 정확성・상상력・문장・수식・운율법을 다루는 규칙 개요서이다.

12세기까지 문법이 시학을 포함했던 반면에, 이 시기에 문법은 사변적이게 된다. **사변문법**은 원래는 **모디스트**라 불렸던 덴마크에서 유래한 문법가들의 공동 업적이라 할 수 있는데, 그 이유는 그들이 《의미의 양태》라고 불리는 개론서를 만들었기 때문이다. 이 개론서는 두 가지 층위의 문제를 다루고 있는데, 하나는 지니고 있는 개념만큼이나 단어의 신분에 관계되어 있는 **지시**의 문제이고, 다른 하나는 **의향**, 즉 단어가 문장 내의 관계에서 삽입되는 방법이다. 사변론자들의 기여도는 다음과 같은 이유로 해서 중요하다: 그들은 언어가 단어로 함축되는 것이 아니라 단어간의 관계에 토대를 둔 **구성** 배열이고, 정신——우리가 언어 덕택에 대상을 생각하기 때문에 담화가 있다——만큼이나 모든 존재——대상이 있기 때문에 담화가 있다——를 표현하는 체계를 구성한다는 것을 보여 주었다. 문법이 논리의 문제를 아주 **빠르게** 이끌고 가는 이유가 바로 거기에 있다.

5. 논리학

논리학 교육은 문법을 병합해 가고, 수사학을 밀어내면서 12, 3세기를 지배하게 된다. 처음에는 학파간의 대립을 목격하게 되는데, 파리학파는 샤르트르를 이기고, 교육은 당시 논쟁이나 라틴어로는 disputatio라는 우월한 형태로써 삼단논법의 예술로 복귀하는 것을 조작한다. 그런데 이런 과정은 항상 동일하다. 질문에 대해 사람들은 모순된 판단을 모으거나, 반대자와 질문자를 토론에 부치고, 어떤 사람은 반대자들의 반박에 답해야만 한다. 반대되는 것에 대립하면서 가설을 제기하고 경쟁자는 답변을 하며, 결론을 내는 것은 주재하고 있는 선생에 의해서이다. 아주 신속하게 disputatio는 교수나 학생들 사이에서는 공격과 답변의 형태를 교육하는 개론서에 체계화된 일종의 운동과도 같은 것이 된다. 이와 같은 논증의 형태는 아리스토텔레스의 **일반 공리**에서 차용해 온 것이다. 사람들은 증명해 보이기에는 아주 어려운 명제 insolubilia와 불가능한 가설인 impossibilia, 그리고 잘못된 논리 추론이나 거짓 추리인 sophismes를 구분해 낸다. 그들은 아리스토텔레스에 의한 삼단논법이 다른 의도에서 인식됐다는 것을 망각한 채 논리를 하나의 운동으로 변형시킨다. 이와 같이 갈수록 근거 없는 논쟁은 반드시 수사학의 사멸을 조장하는 계기가 될 것이다.

6. 수사학의 사멸

16세기에 수사학 교육은 향후 3세기 동안 교육학에 한정되는 안정된 형태를 취하게 된다. 이런 유형에서부터 고전적 연구가 나오게 되는데, 1586년부터 수사학 교육은 6명의 예수회 수도사들에 의해 법전으로 만들어졌다. 1600년에 파리 대학에서 채택된 이 법전, 《라티오 스투디오룸》은 '인간애'의 우월성을 신성시하고 있다. 수사학이 모든 것을 지배하게 되는데, 그것은 학교의 교재가 되는 동시에 사고의 분야가 되며, 언어나 표현의 교육 제도가 된다. 수사학 교재를 생산하는 일은 18세기말까지 증가한다. 어떤 사람은 운율을 만드는 예술에 대해 교육을 하고, 17,8세기에 다른 어떤 사람들은 담화를 구성하는 양식과 문체를 교육한다. 가장 유명한 교재 중에 1675년에 나타난 베르나르 라미의 《수사학 혹은 말하는 예술》과 1730년에 간행된 뒤 마르세의 《담화의 비유와 문체》란 개요서를 인용해 볼 수 있다. 이와 같은 흐름은 19세기까지 오랫동안 지속된다. 그리고 나서 수사학은 생각하는 예술에 유용한 담화 형태의 분류라는 자신만의 고전적 형태 안에서 사멸하게 된다.

두 가지 비유가 될 만한 **은유**와 **환유**가 존속하고 있다. 은유는 다른 문맥에서 한 의미를 바꿔 버리게 하는 문체인데, 예를 들면 "여성은 장미이다" "이 사막의 선박을 비유한 낙타"[10]는 은유에 해당하는 것이다. 환유는 결과에 대해 원인을 이용하고, 내용에 대해 그 내용을 담고 있는 용기를 이용하는 문체를 말한다. 예를 들어 "술을 한잔 한다는 것"은 알코올을 내포하고 있는 것이다. 러시아의 언어학자인 로만 야콥슨[11]은 이와 같이 두 가지 대중적 문체를 언어의 두 가지 중요한 축에 병합시키면서 표현해 내려고 하였다. 이와 같이 광고나 경영, 혹은 정치의 직업 교육을 계속해서 생산해 내는 확신과 문체의 수많은 개요서가 똑같이 존속하게 될 것이다. 두 경우에 있어서 우리에게 아직도 머물러 있고 살아 있는 이유는, 우리의 표현이나 논지하는 방법에 있어서 오래 지속하면서 일종의 망(오늘날에는 '직물'이라고 말한다)인 수사학을 계속해서 만들어 가는 담화의 형태와 문체의 모습을 **분류**해 가는 데 열중하고 있기 때문이다.

III

거대한 논지의 망

1. 분류의 쟁점

고대의 모든 개요서는 담화의 쟁점을 구성하고 있는 분류에 대한 집착을 똑같이 보여 주고 있다. 우리는 그 개요서에서 똑같이 세분된 부분을 보게 된다. 계획을 알리고, 개인적 논지의 발전과 상대방의 논지에 대한 간결한 논의가 바로 그에 해당한다. 말하는 것을 잘 배열하거나 사물을 잘 분류하는 데서 웅변가를 알아보게 된다. 아리스토텔레스나 키케로·퀸틸리아누스와 같은 위대한 수사학자들은 이런 쟁점에 대해서 끊임없이 주장해 왔다.

아리스토텔레스에게 있어서 특히 생각해 볼 단어는 기술, 혹은 그리스어로 tekhné이다. 그 기술은 담화의 예술에서 네 가지 중요한 조작 형태를 산출해 낸다.

1) 증거를 수립해 주는 **창작력**.
2) 담화를 따라 이 증거들이 놓여진 곳에서 구성된 **배열**.
3) 논지의 구두 형태에 일치하는 **표현법**.
4) 웅변가에 의해 담화를 내보이는 **행위**를 산출해 낸다.

담화란 다음과 같이 네 가지가 운동하는 것으로 구성된다: 증거로써 역할을 담당하고 있는 논지를 보게 되고, 이 증거들을 정렬하며, 그리고는 그 증거들을 언어로 표현하고, 행위자로서 그것을 과장하여 말하게 된다. 중요한 것은 품사의 정돈에 있게 되는데, 그것이 바로 **배열**이다. 여기서 두 가지 선택이 가능하게 된다. 웅변자의 창조로써 계획을 생각하게 되거나, 혹은 계획은 단지 고정된 구조나 일람표, 상투적인 형태를 생각할 수 있다. 개별 선택은 나름의 참가자들을 갖게 되거나 계속해서 지니게 된다. 근세초에는 격한 대립의 양상을 띠게 되었다. 16세기에 라무스는 **배열**과 **창작력**간에 분명한 단절점이 있다는 것을 가정하였다. 그에게 있어 정렬은 논지의 발견과는 별개이다. 처음에는 그 논지를 보게 되고, 두번째는 그 논지를 방법에 따라 모은다. 17세기에 수학자들에게서 창작력과 정렬이 동시에 도래한다는 것을 발견한 데카르트와 더불어 대립은 균형을 잃게 된다. 파스칼은 창조적 가치를 정렬에 부여하면서 더 발전시켜 나가려고 한다. 그는 "우리가 말하지 않는다는 것은 전혀 새로운 것을 말하지 않는다"라는 것이라고 주장한다.[1] 그런 사실로부터 창작력의 정렬과 배열의 정렬간에 있는 현대적 관계가 설정되게 되었다.

2 · 창작력

창작력이란 논지를 창작해 내는 것이 아니라, 그 논지를 발견하는 것을 일컫는다. 그것은 정신을 자극하는 것만큼이나 설득하는 것과 관련되어 있다. 설득한다는 것은 추론을 통해서 청자에게 강요하는 것을 의미한다. 자극한다는 것은 청자나 독자의 감정을 나타내고자 하고, 확신하는 길이며, 신뢰의 양식인 정신적이고 애정적인 증거를 나타내고자 하는 것이다. 외적인 증거와 내적인 증거가 있는데, 외적인 증거는 웅변가의 힘에 속하는 것이 아니며, 내적인 증거는 담화를 구성하는 웅변가의 능숙한 솜씨에 기인하는 것이다. 문제는 어떻게 논증에 관련된 서류들을 구성하는가를 아는 것이다. 그것은 특별히 증거가 창안되지 않는 구두 변론 담화나 법률 담화에 관계될 때 중요하다고 볼 수 있다. 이전에 있던 **결정**을 다시 보아야 하고, 대중의 증언과 시민들의 **합의, 고문**에 못 이겨 얻어질 수 있었던 자백, 개인들간의 계약이나 화해 형태의 **단편·서약**——우리가 다른 사람의 서약을 받아들이고 거절할 수 있는 것처럼, 서약하는 것으로 받아들이고 거절할 수 있다는 것을 알리고자 한다——마지막으로 옛날 시인이든, 혹은 속담에서 끌어온 것이든간에 고상한 증거가 될 수 있는 **증언**을 참작해야만 한다. 외적 증거(사실이나 사건)들은 특히 재판에는 간여하지만, **상황 증거**를 구성하지는 않는다. 왜냐하면 그것은 추론의 일부를 이루고 있지 않기 때문이다. 올바른 모든 것은 웅변가에게는 전혀 부담을 주지 않고, 담화에 이르게 되는 일종의 '믿기 어려운 일련의 사건-관계 서류'인 사회적 언어 요소들에 관련된다. 오늘날에는 신중함이 그 어느 때보다도 요구된다. 수많은 신문의 글들이 증거 대신에 가상 이야기를 독점하고 있다. 단지 웅변가의 능력에 전적으로 달려 있는 내적 증거, 즉 담화의 추론을 생각하게 된다. 그런데 이런 증거들은 두 가지 종류의 형태를 띠게 되는데, **예문**이나 귀납, **생략삼단논법**이나 연역이 있다. 아리스토텔레스에 의하면, "신념을 산출해 내려고 하는 모든 웅변가들은 예문이나 생략삼단논법을 통해서 보여 준다. 이 방법 이외의 다른 어떤 방법도 없다."[2]

3. 예 문

예문, 그것은 바로 귀납이다. 사람들은 어떤 일반적인 것을 통하면서 특별한 예문으로부터 다른 특별한 예문으로 가게 된다. 그들은 하나의 대상으로부터 그 대상이 속해 있는 부류를 추론해 내고, 그 다음은 이런 부류로부터 새로운 대상을 추론해 낸다. 예문이란 것은 유사성과도 같은 것이며, 유추를 통한 논지이다. 그것은 실제일 수도 있고, 가상일 수도 있다. 그것이 우화적이거나 지어낸 것이면 가상적인 것이고, 역사적 예문일 경우에는 실제이다. 우화는 짧은 것을 비교하는 것이고, 전설은 행위를 결합한 것이다. 기원전 1세기에 예문에 관한 새로운 형태가 발전하게 된다. 예문의 인물은 얼굴 모습에서 덕의 화신을 지칭한다. 예를 들어 카토[3]는 덕의 화신이며, 우리는 덕을 생각할 때 카토를 생각하게 된다. 이런 모습을 가진 사람들은 사용되는 모든 용도에서 좋으며, 희곡에서 만큼이나 시에서도, 그리고 담화에서도 잘 구성되고 있다. 인물의 모습은 상황이나 삶·유형을 요약해 주는 **친숙한 원형**이 된다.

4. 논지들

귀납이라는 양태에 대해 기능하고 있는 예문에 맞서, 연역을 통해 조작하는 논지들을 그려낼 수 있다. 논지란 다른 것을 통해 어떤 한 가지 것을 증명해 보이는 방법을 일컫는다. 논지란 것은 이

용어가 논리학이나 수학에서 사용되고 있는 엄격함을 항상 취하지 않고, 추론의 모양새를 갖고 있다. 그 논지의 근본적인 형태는 **생략삼단논법**인데, 아리스토텔레스를 추종하는 사람들에게 있어서 이 생략삼단논법은 과학적인 삼단논법과는 달리, 참이나 현실에 대해서가 아니라 사실임직함이나 기호에 바탕을 두고 있는 수사학적 삼단논법을 일컫는다. 우리들 자신은 일반 사람들이 생각하고 믿는 것으로부터 가능성에 대해 추론해 낸다. 생략삼단논법과 더불어서 우리는 설득하게 되거나 증명해 보이지 않는다. 중세에 생략삼단논법은 그것의 구성상의 생략적 특성에 의해 정의되었다. 그것은 불완전한 삼단논법이었다. 사람들은 삭제된 것이 정신에 간직되고 있다고 생각하는 한 약속이나 결론 중에 하나를 삭제할 수 있다. 여기에 삼단논법에 대한 예가 있다: "인간은 죽는다. 그러므로 소크라테스는 죽는다. 소크라테스는 죽는다. 왜냐하면 인간은 죽기 때문이다. 소크라테스는 인간이다. 그러므로 죽는다" 등 고전기에 있어서, 포르루아얄 논리학자들[4]은 삼단논법이 인간 정신에는 완벽하고 자연스런 형태로 나타나고(아리스토텔레스에 의하면, "세 개의 節은 우리 정신의 속성에 적절하게 잘 배합되어 있다"[5]), 만약에 생략삼단논법이 불완전한 삼단논법이라면 그것은 정신에서 오는 것이 아니라 언어에서 오는 것이라는 바를 확신했다. 그것은 언어의 우연성이 아니라 적절한 우연성이다.

5. 생략삼단논법의 환희

일반 대중이 사용하려는 삼단논법인 생략삼단논법은 일종의 여행과도 같은 매력을 제공해 준다. 우리들 개개인은 증명될 필요가 없는 한 지점으로부터 출발을 하고, 그곳에서 증명될 필요가 있는 다른 지점으로 출발한다. 우리들은 알려진 것에서 알려지지 않은 것으로의 여정을 통해서 일종의 새로운 것을 발견하는 기분 좋은 감정을 갖게 된다. 그렇다고 해서 추론이 확인되지 않았다는 것을 의미하지는 않는다. 청자들의 잘 알려진 무지는 자신들을 발견해 냈다는 느낌을 갖게 하면서, 단시간에 더 잘 움직이게 할 수도 있다.[6] 이와 같은 무지를 활용할 줄 알아야만 한다. 바로 그런 이유를 생략삼단논법은 뭔가 부족한 논지를 재구성하는 기쁨을 청자에게 남겨두기 위해 겉으로는 삭제했을 따름이다. 생략삼단논법의 방법은 우선적으로 약속인데, 그것은 삼단논법을 구성하기 위해 어디에서 우리가 출발해야 하는가 하는 **장소**를 일컫는 것이다. 일반적으로 그것은 어떤 것에 대해 우리가 파악하고 있는 우리의 지식에 관계된 것이다. 그렇다면 우리가 어떤 것에 대해 파악하고 있다는 것은 무엇을 의미하는가? 첫째로 분명한 것들은, 다시 말하자면 우리가 보고 듣는 것들인 **확실한 지표**이다. 두번째로 분명한 것은 무엇에 대해 인간들이 일반적으로 일치를 보며, 규칙이나 용도("신들이 있다" "그들 조상을 존중해야만 한다")에 의해 설정되는 것이 무엇이며, **사실임직한** 것이 무엇인가이다. 세번째로 **기호**들인데, 매번 다른 것을 이해하도록 하는 모든 것을 일컫는다.

확실성의 첫번째 형태인 **확실한 지표**는 존재하고 있으며, 달리 존재할 수 없다. 한 여자가 임신했다는 사실은 그녀가 다른 한 남자와 관계를 맺었다는 확실한 지표를 담고 있다. 그런 지표는 대중의 지식과 세계의 표상에 대한 토대를 마련해 주는 증거의 일부를 이룬다. 물론 그와 같은 지식은 시간이나 역사·사회와 더불어 다양하게 존재하는 것이다. 이전에 있던 예문을 다시 취하기 위해서 임신과 성의 관계를 설정하지 않을 어떤 믿음을 상상해 볼 수 있다. 생략삼단논법에서 약속의 역할을 할 수 있는 두번째 확실성의 형태는 **사실임직함**이다. 그것은 매번 사물의 본질을 생각할 때, 우리가 특별한 사실들의 귀납이나 경험에서부터 만들어진 일반적인 생각을 일컫는다. 다시 말해서 **공통된 견해와** 관련된 것인데, 어떤 것은 임의적이고, 다른 어떤 것은 때때로 사회적 사실과 습관 속에서 정착된 것이기 때문에 기나긴 기간 속에서 기입된 것이다. "아버지가 그의 아이들을 사랑한다"라는 것은, "그 반대는 허용되지 않는다"라는 것을 함축하고 있다. "오늘 잘 지내는 사람이 내일도 잘 지낼 것이다"라는 것은, '건강에 대한 문제'라는 내용을 함축하고 있다. 하지만 반대도 항상 가능하다는 것을 알아야 한다. 즉 아버지가 '나쁜 아버지'일 수 있으며, 환자는 수시로 건강하다는 사실이 바뀌어질 수 있다. 바로 그런 이유로 세번째 생략삼단논법의 출발 형태인 **기호**는 세 가지 중에서 가장 확실하지 않은 것이다. 피의 흔적이 있다는 것은 살인이 저질러졌고, 작은 사고가 발생했다는 것과 같은 것을 의미할 수 있다. 기호가 가치를 갖기 위해서는 다른 기호를 수반하든지, 혹은 알려진 문맥 속에 기재되어 있을 필요가 있다.

　처음에 생략삼단논법이 법률적 추론을 정의하기 위해 특별히 인식되었다고 할지라도, 그것은 무엇보다도 일상의 추론을 구성하도록 되어 있다. 아리스토텔레스는 그것을 '실제의 삼단논법'이라고 명명했다. 삼단논법의 대개념은 일반적으로 일상의 규범이다. 소전제에서, 우리는 대전제 속에 가려진 상황 속에 있게 된다. 결론적으로 우리는 행동에 대해 결정한다. 예를 들어 "알코올을 마신다는 것은 인간에게는 위험하다. 그런데 나는 인간이다. 그러므로 나는 알코올을 마시지 말아야만 한다." 우리는 공통의 의견이 대상을 아주 잘 뒤집어 놓을 수 있다는 것을 알고 있다: "마신다는 것은 인간이라는 것이다. 나는 인간이다. 그러므로 나는 마신다." 생략삼단논법과 그것의 반대되는 명제는 일치가 잘 된다. 모든 것은 약속, 즉 어디에서 발견하고 고르게 되는가 하는 **장소**의 문제에 기인한다.

6. 장소들: 일반 공리[7)]

일반 공리는 수사학적 예술에서는 추론에서의 내용을 갖추게 해주는 것을 지칭한다. **장소**, 그 단어로부터 사람들은 약속을 이끌어 내는데, 그렇다면 장소는 무엇이란 말인가? 아리스토텔레스에게 있어서 장소란 일상에서 추론의 풍부한 양을 생기게 해주는 근원지이다. 그런데 왜 이 용어란 말인가? 왜냐하면 아리스토텔레스에게 있어서 대상을 기억하기 위해 생각해야 할 것은 그 대상들이 어디 있는지를 아는 것과 관계되기 때문이다. 그러므로 장소란 것은 생각을 연결하고, 기억의 근원과 기억의 기술이 유래하는 곳이다. 그로부터 논지를 볼 수 있는 공간과도 같은 모습이 있게 된다.

그러므로 일반 공리란 예술이라고도 할 수 있지만 장소들을 이용할 줄 알게 해주는 방법이기도 하다. 다음과 같은 일반 공리에 세 가지 의미가 부여될 수 있다.

1) 일반 공리는 제의된 어떤 주제로부터 사실임직한 결론을 끌어내게 하는 방법이거나, 너무 지나치게 진실에 신경 쓰지 않고 논

지를 발견하려는 예술이다.

2) 일반 공리는 형태들의 망이다. 논지를 발견하기 위해서 사람들은 형태의 해석에 따라 주제를 '이동시키는' 웅변가에게 논쟁의 주제를 맡기며, 그 개별 해석의 부분으로부터 가능한 생각과 생략삼단논법의 약속이 떠오르게 된다. 고대에는 이런 과정이 교육적 요구에 적합했었다. 고대인들은 학생들에게 '언제·어디서·무엇을·어떻게'라는 일련의 형태를 통해서 주제를 받아들이도록 가르쳤다. 라미의 저서 《수사학 혹은 말하는 예술》(1675)에서 다음과 같은 해석 형태가 제의되고 있다: 유형·차이·정의·부분·어원론·비교·결과·원인 등이 바로 그에 해당한다. 문학의 경우를 예로 들어 보자. 어떤 장르에 문학을 결부시켜야만 하는가? 그것은 다른 예술과 관련하여 어떤 차이가 있는 것인가? 그 문학은 무엇에 사용되는 것인가?

3) 일반 공리는 결과적으로는 상투적 표현을 보존하는 곳이나 다름없다. 이런 사실로부터 모든 논지에 공통된 공허한 형태나 상투적 표현들, 같은 말을 되풀이하는 것을 동시에 지칭하는 **공통의 장소**라는 표현이 있게 되는 것이다. 그것은 추론의 범주로서의 구실을 하는 형태의 보관소와도 같다. 아리스토텔레스에 의하면, 상반되게 기능하는 세 가지만이 있게 된다:

—— **가능성과 불가능성**: 대상은 만들어질 수 있거나 없을 수도 있다. 그것은 그렇게 될 수 있는가, 혹은 없는가?

—— **존재자와 비존재자**(또는 **현실과 비현실**): 일어나기에는 별로 적절하지 않은 것이 반면에 발생한다면, 가장·적절한 것이 확실히 일어난 것이다.

—— **최고나 최저**: '하물며' 크고 작음의 장소가 있다고 하자.

예를 들어 "X라는 사람은 잔인하기 때문에 그의 가족을 포함하여, 그의 이웃을 공격하려는 가능성이 확실히 있다."

담화의 전문성에 의하면, 우리는 이와 같이 다른 장소에서 가장 공통되는 용도의 형태를 갖게 될 것이다.

ㄱ. 담화의 전문성

주제는 담화의 전문성을 정의해 주는 단어이다. 바로 이 질문이 우리가 여기에서 논의해야 할 문제이다. 두 가지 유형의 거대 담화가 있다.

── 명제(thèse: thesis): 일반적인 문제이며, 정해진 시간이나 장소에 지칭되지 않는 것을 명시한다. 예를 들어 "결혼을 해야만 하는가?" 혹은 "우리는 아이들을 가져야 하는가?"

── 가설: 정해진 시간과 장소에 이어 사실이나 사람·상황을 포함하고 있는 개별적인 문제이다. 예를 들어 "X는 결혼을 해야만 한다." "X는 아이들을 가져야 하는가?"

명제나 가설은 수사학에서는 특별한 의미를 가지고 있다. 가설은 또한 후세에 전해지고 있는 다른 이름을 가지고 있는데, 동기라는 단어가 바로 그것이다. 동기는 상황이나 순간에 따라서 논쟁을 필요로 하고 있는 지점이다. 세 가지 형태의 시간이 있는 것처럼 세 가지 형태의 동기가 있는데, 각각의 동기는 세 가지 웅변 형태 중의 하나에 일치하고 있다: 첫째는 미래에 대해 권고하거나 만류하려는 목적을 갖고 있으며, 가능성과 불가능성에 대한 공통 장소의 역할을 하는 토의 유형이다. 두번째는 궁극적 목적 지향성이 고발하거나 옹호하려는 재판에 관련되고, 현실을 비현실에 대조시키면서 생략삼단논법을 통해 추론하려는 **법률적 유형**이 있다. 세번째는 덤으로나 혹은 부족한 상태에서 비교하거나 눈금 매기는 역할을 하면서, 아름답거나 추함이라는 이름으로 칭찬하거나 푸념하도록 기능하는 **외형적 유형**이 있는데, 그것은 동시에 미학과 예술을 취급하고 있다.

지금까지 우리는 논지하는 데 있어서 중요한 양태를 대충 읽어 왔다. 그래도 우리의 일상적 논변과 같이 수사학의 한가운데에 있는, 담화를 정렬하는 예술이라고 볼 수 있는 **배열**이라는 자료체를 소홀히 하지 말아야 한다.

₿. 담화의 정렬

담화는 다음과 같이 세 가지 층위의 범주 안에서 정렬된다: **문장 층위 · 부분 층위**, 그리고 **담화 층위**가 바로 그 범주에 해당한다. **서두 · 서술부 · 확증부 · 결말**과 같이 네 가지 커다란 담화 부분을 구별해 주는 것이 있다.

먼저 서두는 다음과 같이 두 시기를 포함하고 있다.

── 담화 문제에 대한 관계를 이용하면서, 청자를 공통의 의견인 독사(doxa)에 매혹시키려는 것과 관계되는 시기인 **남의 환심을 끄는 것**이 있다. 동기는 독자들에 의해 정상적인 것으로 받아들여질 수 있기 때문에 억압할 필요가 없다. 동기는 의견과 맞서서는 중립적일 수 있어서, 호기심을 불러일으킨다는 것을 알아야 한다. 그 동기는 모호할 수 있기 때문에 호의적인 판단을 할 필요

가 있고, 그 판단을 한쪽으로 치우치게 할 필요가 있다. 그것은 실타래처럼 얽혀 있고 불투명하여, 수용력 있는 판단을 하고, 그것을 밝혀내는 것이 합당하다.

—— 분할은 웅변가가 추구할 계획과, 그 웅변가가 **서술부**와 **확증부** 도중에 발전시키는 차이점들을 알려 준다.

서술부는 동기 속에 포함된 사실들의 이야기이다. 그것은 증거를 위한 것으로 인식되었으며, 두 가지 형태 요소인 사실과 묘사에 근거를 두고 있다: 사실에 관해서 말하자면, 우리가 지나간 정렬 속에서 사실들을 이야기한다면 정렬은 자연스러울 것이고, 일종의 **플래시백**이란 놀이에 의한 출발이 아니라 중간에서 출발하게 된다면 인위적이라 말하게 될 것이다. 묘사에 관해서 말하자면, 그것은 완전히 기호화되어 있다. 우리는 지형도나 장소의 묘사, **시간도나 시간의 묘사, 인물도나 초상화**를 찾아내게 된다.

서술부 뒤에 확증부나 논지의 설명이 오게 되는데, 바로 거기에서 담화는 그 증거를 진척시킨다. 이와 같은 확증부는 세 가지 요소를 포함할 수 있는데, 동기의 간단한 정의를 말하는 **명제**, 주제에 대한 추론이나 그것의 증거에 대한 설명인 **논증**, 그리고 때때로 **확증부** 마지막에서 담화는 상대 변호사나 웅변가 혹은 증인과 더불어 생동감 있는 대화가 되는 언쟁에 의해 멈추게 된다.

정렬·배열·발췌 단위: 과거의 수사학은 두 가지 구성 형태를 법제화하였는데 그것은 다음과 같다.

첫번째는 **기하학적**이다. 그것은 아리스토텔레스의 《시학》에서 정의된 총합문[8]과도 같은 것이다: "문장은 그 자체로는 우리가 쉽게 파악할 수 있는 시작·끝·범위와 같은 영역을 지니고 있다." 총합문의 구조는 **활자의 모형**과 그 구성 성분의 내적 체계에 근거를 둔다. 이런 체계에 기준을 두는 것은 생명론을 표방하는 것이고, 그것은 영감의 왕복 운동과도 같은 것이다. 총합문은 가고, 진행되고, 오는 과정의 단계별 원을 산출해 낸다.

두번째 구성 형태는 **역동적**인 것이다. 문장은 이동에 의해 초월된 총합문으로 인식되어졌다. 그것은 더 이상 가고 오고의 문제에 관련되지 않지만, 어떤 때는 강하고 어떤 때는 부드러운 상승과 하강에 관련되는 문제이다.

이와 같이 거쳐 가는 혼란스런 모습은 수많은 예술 형태나 정치제도, 그리고 대중적이거나 사적 담화가 직접적으로 이런 혼란스런 모습에서 나왔다는 사실에서도 알 수 있다. 우리는 실제로 수사학을 떠났는가? 수사학은 더 이상 엘리트들의 전유물이 아닌, 항상 공통의 문화인 우리 전체의 문화이다. 아리스토텔레스가 법제화한 것과, 소위 말하는 우리 대중 문화의 서로 다른 표현 사이에는 암암리에 존속하고 있는 리듬이 있다. 문체와 언어의 현대적 변화가 어떻든간에 끊임없이 시사성을 부여해 주는 똑같은 유형의 담화에 대한 억압이나 공통된 장소의 항속성에 대해, 그리고 대중적 견해에 대해 민주적 규칙을 통하여 근거를 두고 실행된 것이다.

문제는 세계와의 관계에서, 그리고 언어와의 척도에서 **존재**의 문제와 관련되는데, 그것은 그리스인들에 의해 도입된 문제점이기도 하다. 세계와 현실은 사물의 **근원**이다. 그렇다면 사물이란 무엇인가? 어떻게 그것을 정의할 것인가? 아리스토텔레스에게 있어서 사물의 근원은 무엇보다도 가치의 용도인데, 무엇을 위해 생산되었고, 무엇에 쓰여질 것인지가 중요하다. 원래 같은 의미의 단어는 존재·실존·풍요함·재산을 지칭하는 것이었다. 현실은 복수로 표현되었다. 그것은 존재하고 있는 것들이며, 우리에게 복수성의 개념을 부여해 주고 있다. 그런데 철학자 파르메니데스[9](기원전 544-450)와 더불어서 변화가 생긴다. 그에게 있어서 **존재**란 단수로 표현된다고 한다. 그것은 유일하고 전체적인 것이다. 이런 어휘 변화는 현실과의 관계에서 **존재** 개념이 새롭게 도래한다는 것을 보여 주는 것이다. 인간 경험이 밖에서부터 포착된다는 것은 더이상 여러 가지 것이 아닌, 언어(로고스)가 우리에게 사물과 세계를 정렬시켜 주는 방법과 추론이라는 사실을 말해 준다. 세계의 초기에 나타난 질문들은 이미 우리가 전념하고 있는 것들이다. 자연속에서 불변적인 것은 무엇이 있는가? 실체의 원리는 무엇인가? 어떻게 우리는 그 원리에 다다를 수 있고, 표현할 수 있겠는가? 점점 더 단어의 이면에서 우리는 담화의 추론과 모순되지 않은 것의 절대적 요구로 구성되어 있는 로고스가 있다는 것까지도 배우게될 것이다: **존재는 있는 것이고, 존재하지 않는 것은 있지 않는 것이다.** 모든 그리스 철학의 지혜로운 것은 담화의 합리적 세계와 자연의 감각적 세계간에 있는 관계를 설정하려는 데 적용하고 있다. 그것은 더 이상 자연을 변형시키려는 것이 아니지만, 그 자연을 이해하려는 데 있다. 그렇게 하기 위해서는 담화 그 자체 내에 있는 것 이외의 다른 방법이 없다. 우리 인간은 이와 같이 단어에 대한 사랑과 머리에서 떠나지 않는 까다로움을 상속받았다.

담화 예술은 추론하는 예술인가? 수학적인 자연 논리가 아닌 자연 논리가 존재하는가? 담화하려는 예술은 세계를 알기 위한 중요한 방법인가? 이 엄청난 질문은 기하학적 정신과 통찰력이 있는 정신 사이에서, 담화와 사고 사이에서, 그리고 사고와 현실 사이에서 항상 논증의 질문에 토대를 두고 있는 것들이다.

IV

논증의 논리

1. 기하학과 합리적 언어에 대해서

블레즈 파스칼은 사후에 기하학의 정신과 통찰력 있는 정신을 비교해서 유명해진 사람이다. 그에 의하면, 과학적 담화와 일상적 담화간의 공통적 속성은 그들 서로를 상호간에 구성하고 있는 기하학에 대해 입증하고 보여 주는 데 있다고 한다.[1] 이와 같이 두 가지 담화 형태 사이에서 파스칼이 설정한 관계는, 우리들 각자에게 존재하고 있듯이 공통적이고 친숙한 방법으로 되돌아갈 필요성이 있다고 결론짓고 있다. 또한 이런 식의 방법을 형성하고 실행하는 방법을 재발견하게 하면서 설득하려는 예술 관계와도 같다. 기하학은 알려지지 않은 진실만큼이나 이미 발견된 진실을 증명해 보일 수 있다고 파스칼은 강조하고 있다. 만약에 기하학이 이와 같이 전형적인 과학적 지위를 갖는다면, 그것은 매경우마다 우리가 명명하는 것에 대해, 혹은 명명하기 위해 사용하고 있는 것에 대해 강요를 한다. 이런 사실에서 정의의 중요성이 나오게 된다. 아리스토텔레스 자신도 모든 지식에 필요한 용어를 제기할 행위로서 정의의 중요성에 대해 주장하고 있다.[2] 기하학은 그리하여 이야기하는 것을 교육하기 위한 하나의 견본과도 같은 것이

될 것이다. 왜냐하면 기하학은 상식에다 이와 같이 중요한 의미라고 여겨지는 공간·시간·운동·수를 옮겨 놓으려는 예술을 그 자체 내에 내포하고 있기 때문이다. 확실히 진실이란 단어 안에 있지는 않지만, 그 단어는 마치 '완벽하게 알려진 용어로 분명하게 지칭했던 사물에' 이름을 부여할 자유가 있는 기하학에서와 같이 단어에 기여하고 있는 것이 틀림없다. 이런 사실은 믿음의 영역과 추론이 실행되어야만 하는 과학과 같이 다른 분야들간의 혼란스러움을 피하게 해준다.

이와 같이 우리에게 정의하거나 다시 정의하며, 명명하거나 다시 명명하게 해주는 힘의 언어를 제공하는 기회는 때때로 선입견이나 추상적인 원리나 규칙을 수용하게 될 위험성을 수반하게 된다. 담화 속에서 사고의 단순한 연결에 속하는 것과, 반면에 그것을 통제할 수 있는 상황에 대조하면서 확인할 수 있는 것을 어떻게 알겠는가? 모든 담화는 과학적인 것조차도 **원초적인**, 다시 말해서 그 담화 이전에 존재하고 있으며, 그것의 산출을 허용해 주고 있는 처음의 생각과 개념으로부터 출발하고 있다. 과학에서는 이런 것들이 **공리**(수학에서나 논리학에서처럼)나 **원리들**(반박하지 않는 원리와 같은 것인데, 예를 들자면 A와 A가 아닌 것은 동시에 존재하지 않는다. 하나의 대상은 **있을 수도 있고, 있지 않을 수도 있다**), 혹은 **가설**(지구가 둥글다는 것을 검증할 수 있기 이전에 그것에 대한 가설, 다시 말해서 생각을 가져야 한다)이라고 불린다. 과학의 연구는 오랫동안의 역사를 가지고 있는데, 그 이유는 매번 처음 생각으로부터 **논증법**, 즉 그 생각과 어떤 **확실성의 제도** 내부에 있는 개별 영역에 대한 검증 양식을 창안해 내야만 하기 때문이다. 수학의 확실성(기하학·산술학·유형학 등을 설정하고 있는 체계 안에서는 공리 체계에 의해 허용되지 않고 있는 것은 어떤 것도 증명할 수 없다)이란 생물학적 확실성(관찰이나 수많은 경우에 대해 경험적 검증을 요구하는)이 아니다. 그렇다면 일상에서 적용되고 있는 논증에서의 확실성이랄 수 있는 것은 무엇이란 말인가?

2. 추론의 형태와 논증

추론의 양식들

자연 추론은 삼단논법의 가장 고전적 형태인 논증 형태와 종종 동일시되는 경향이 있었다. 아리스토텔레스에 의하면 "담화라는 것은 어떤 것들이 제기되었듯이, 자료체와 다른 무언가가 반드시 그 자료체의 사실에 의해서만이 유래되고 있다."[3] 전제와 결론을 묶어 줄 수 있는 관계의 속성에 대해 질문하게 하는 즉각적인 반응이 있게 된다. 이것은 어떤 것들을 우리로 하여금 다른 것들에 연결시키게 해주는 습관과도 같은 것인가? 이것은 우리들로 하여금 어떤 **개념**[4]을 사용함으로써 상황이나 사실들을 설명하게 해주는 정의적(情意的) 결과인가? 혹은 우리가 상황들 사이에서 설정하고 있을 단순한 가능성의 관계이며, 그런 상황들이 사물의 속성에 기입될 논리적 결과로써 끌어들일 수 있는 것인가? 추론의 결론은 반드시 이와 같이 추론의 전제에서 제기되었던 것들의 직접적 결과는 아니다. 추론은 이와 같은 결론의 전도가 될 수도 있다: 단언한다는 사실은 참으로써 제기된 것의 책략적 방법과도 같은 것이다. 추론은 허위로 인정된 전제로부터 그 기원을 이끌어 낼 수도 있다. 그런 경우가 바로 귀류법에 의한 추론이다. 일상적인 담화에서 추론한다는 것은 다른 것의 어떤 것들로부터 추론하는 것으로 구성되어 있다. 모든 추론은 논리학자들이 하는 것과 같은 추론 도식으로 옮겨질 수 있다: "A는 B이고, 모든 C는 A이다. 그러므로 모든 C는 B이다." 문제는 우리가 그런 추론의 유효성을 보증해 주는 것에 대해 전혀 알지 못하고 있다는 것이다. 논리학에서 이런 것은 얼마 되지 않는 **공리**로부터 도출되는 규칙을 이용하여 만들어지고, 이 공리는 어떤 추론이 한 체계 안에서 정당화되는지를 보증해 주고 있다. 하지만 자연 추론에서의 상황은 이와 같지가 않다.

이런 관찰은 추론의 행위와 그런 추론 행위를 정당화시킬 수 있는 것 사이에 있는 것을 구별하게 한다. 훌륭한 추론이라는 것은 종종 그 추론의 목적을 달성하는 추론과 다른 것이 아니다. 그것은 제기된 원리에다 결과를 결부시키는 관계이고, 이 원리에서 결과까지를 추론해 내게 해준다: 한 명제의 참은 그 결과의 참을 이끌어 낸다. 상호적으로 결과의 오류는 원리의 오류를 전제하게 한다. 왜냐하면 거짓은 참으로부터 도출될 수 없기 때문이다. 바로 거기에 논리학의 기원으로부터 놓여진 양식과의 문제가 연관되며, 우리는 그것을 modus ponens(p는 q를 내포하므로 p가 있다면 q를 갖게 된다)라 명명하거나 modus tollens(p는 q를 내포하므로 q가 아닌 것이 있다면, p가 아닌 것을 갖게 된다)라 명명한다. 여전히 이와 같이 원리에서 결과로의 관계와 p라는 형태의 내포 관계가 반드시 q를 내포한다는 것간에 구분을 해야만 한다. 이와 같이 엄격한 함유 관계는 형식적(추상적) 논리 체계 내부에 있는 문자이기도 하다. 때때로 함유라 일컬어지는 자연 추론은 반드시 구체적 대상과 세계의 상황 사이에서 제기된 관계에 속하는 것이다. 자연 추론은 하나의 결과로부터 하나의 결과가 파생된다는 것을 의미하지만, 그런 결과는 반드시 의미적인 것이 아니다. 바로 그런 이유로 참과 거짓, 긍정과 부정간에는 항상 상호 보완성의 관계가 있게 되고, 추론 관계는 서로간의 의미에서 유도될 수 있는 것이다. 한 번 더 말하자면, 그런 이유로 해서 우리는 좋고 나쁜 추론에 대해 말할 수 있게 된다.

궤변과 거짓 추리

오늘날 사람들은 틀리기 쉬운 판단에 대해 추론하는 것에 더 이상 많은 연구를 하지 않는다. 그럼에도 불구하고 그 틀리기 쉬운 판단에 대해 추론하는 것은 논리적 성찰에 그 기원을 두고 있다. 아리스토텔레스에게 있어서 **궤변적 반박**은 분석법을 구성하는 데 있어 선행된 것이다. 아리스토텔레스는 언어에서 유래되는 두 가지 종류의 **궤변**(sophismes)을 구분하고 있다: 첫번째 경우에는 모호한 어법이나 모호성, 단어의 결합 관계 등을 보게 되고, 두 번째 경우에서는 항상 토론에서 합의되도록 하고, 그 토론에 있지 않은 원인을 보게 하려는 혼동스런 모습이 있다. 궤변은 타인을 속이려는 사악한 추론이 될 것이다. 그것은 참인 듯이 보이지만, 남의 눈을 속이거나 잘못된 결론에 다다르게 한다. 궤변은 실제로 청중에게 어떤 결론을 허용하게 해주려는 **포획**의 추론을 일컫고 있다. 이와 같은 거짓 추리에 대한 연구는 **비형식 논리**의 전체 경향을 발전시킨 대서양 건너의 나라에서 어느 정도는 교육 프로그램의 일부를 이루고 있었다. 이런 흐름은 거짓 추리 개념의 역사적 발전 과정에 대한 증거가 되는 부분이기도 하다.

아리스토텔레스에게 있어 문제가 되는 것은 속임수를 거짓 추론과 동일시하지는 않지만, 어떻게 논증이 유효성의 모습을 지니고 있으면서도 유효하지 않다고 밝혀질 수 있는지를 검토하는 것이다. 더 상세하게 말하자면, 결론이 반드시 전제에서 유래되는 삼단논법 이론의 범주에서 'P, 그러므로 P'라는 형식은 삼단논법이 아니지만, 거짓 추론이다. 반면에 오늘날에는 그것을 기꺼이 받아들이고 있는 상황인데, 이런 형태를 보게 되는 공통의 장소를 내포하는 것이 아주 충분해 보인다: "한 남자, 그것은 한 남자이다" "한 여자, 그것은 한 여자이다"라는 문장은 이를 잘 반영해 주고 있다. 삼단논법의 유효성을 검증하려는 방법에 몰두한 아리스토텔레스는 특히 반증 장치를 구축해 냈다. 그에게 있어서 반증은 시험하고자 했던 어떤 명제에 모순되는 결론의 삼단논법이지만, 반증이 반박하는 명제의 오류로 결론짓게 하지는 않는다. 예를 들어 우즈와 월턴[5]이 설명한 것과 같이 명제 P가 가설이고 'A, B, 그러므로 P가 아닌' 형태의 논변이 있다면, 그것은 P가 거짓이란 것을 의미하지는 않는다. 실제로 P가 거짓이라는 것이 가능하지만, A와 B란 명제가 똑같이 거짓이란 것이 가능하다. A와 B가 참이라는 조건에서 P의 반증이 P가 잘못된 증거라는 것을 제외하고, 원칙적으로 반증이란 것은 그것이 반증하는 명제의 참과 거짓을 결정하지 않은 채 그대로 놔둔다. 궤변적 반증은 그러므로 반증이 아니다. 유효한 것 같아 보이는 것은 삼단논법이지만, 그렇지 않은 것이 삼단논법이다. 아리스토텔레스에게 있어서 거짓 추론은 삼단논법의 지위를 갖고 있지는 않다. 그것은 참을 겨냥하지 않는 논리 형태의 논변과도 같은 것이다. 《어렵지 않은 논리학》[6]에서 루

이스 캐럴은 이와 같이 흥미 있는 형태의 몇 가지 예문을 비웃듯이 설명하고 있다.

Aucun docteur n'est enthousiaste
어떤 의사도 흥분하지 않는다.
Vous êtes enthousiaste
당신은 흥분한다.
Vous n'êtes pas docteur.
당신은 의사가 아니다.

혹은

Tout homme prudent évite les hyènes
신중한 모든 사람은 하이에나를 피한다.
Aucun banquier n'est imprudent
어떤 은행원도 경솔하지가 않다. (모든 은행원은 신중하다.)
Aucun banquier ne manque jamais d'éviter les hyènes.
어떤 은행원도 하이에나를 피하기에 결코 부족함이 없다.
(모든 은행원은 하이에나를 피한다.)

중세에 궤변적 추론은 역설이라고도 불렸으며, 그 역설의 속성은 그 자체로는 수많은 논쟁의 대상이었다. 문제는 완벽하게 대머리인 사람이 이전에는 실제로 머리털이 있었다면, 머리털이 많은 사람으로 있을 것이란 것을 증명해 줄 수 있다는 것과 같이 **연쇄 추리**의 형태로 된 논증과 종종 관련되었다. 오늘날 사람들은 프랑스어에서는 그런 추론이 오류라는 의미에서 '헛된 것'이라고 말하고 있다. 영어의 **오류(fallacy)**란 단어는 변증법적인 오용만큼이나 논리적 실수를 의미할 수 있다. 대립되는 관계가 독일어에서는 더 분명해지는데, 독일어에서 **궤변(Trugschluss)**은 교환하는 경우에 속이려는 의향을 갖고 있는 것을 지칭하는 반면에, **오류(Fehlschluss)**는 논리적으로 유효하지 않은 추론을 의미하고 있다. 그리하여 의견들이 다양하다. 추론은 그것이 구성되어 있는 것이 심지어 잘못된 결론과 더불어 정확하기조차 할 때도 논리적으로 받아들일 수 있는가? 추론은 기만적이다. 왜냐하면 그 추론은 대상들이 자신들간에 유지되고 있는 관계나 존재도 확인할 수 없는 대상을 목표로 하기 때문이다.

아리스토텔레스는 **논쟁술**, 다시 말해서 논전(論戰)이나 학교에서의 훈련이라는 범주에서 헛된 추론을 정리하였다. 중세는 게임과 같은 형태로 그런 식의 추론을 사용하였다. 역사는 참으로 알려진 명제로부터 출발하는 삼단논법과 완전무결한 추론에 따르면, 귀류적인 결론에 이르게 되는 삼단논법의 뜻하지 않은 결과를 남겨 주었다. 다음과 같은 사실이 있다: 추론의 엄격함과 설득은 인상적일 수 있으며, 그것을 구성하고 있는 명제와는 전체적으로 별개일 수 있다. 문제는 어렵고, 해결책은 처음에 제기되었던 원리를 검토하는 데만 있지 않지만, 그것이 부여하고 있는 상황이나 차지하고 있는 장소들, 담화의 구성 분석에 있게 된다.

추론의 기능과 용도

증명하고, 반박하고, 반대하고, 의심하는 것은 담화의 기본적인 기능이다. 바로 그런 이유로 담화가 단순한 진술처럼 보인다 할지라도, 논증이 아니라고 말하는 것은 상상하기 어려운 일이다. 진술한다는 것은 무엇인가에 대해 질문을 제기하는 것이다. 확언한다는 것은 타인이나 모순 명제에 반해 주장하는 것이다. 모든 담화는 가설들이 대립되고 있는 문맥 속에서 기재된다. 이것은 일상의 담화가 다소간 매단계를 연결할 줄 아는 벼룩의 뛰어오르기에서의 과정만큼이나, 제각각에서 도출되는 추론의 연쇄와 같은 논증으로 모든 추론이 고려될 수 있다는 것을 의미한다. 모든 것은 출발점으로 선택될 것에 의존하지만, 거기에는 **창의력**이란 개념에 대한 애매함이 있다. 우리는 담화를 통해 다른 것을 발견하게 되었는가, 아니면 무엇인가 새로운 것을 덧붙이게 되었는가? 창의력에 대해 말하기보다 나는 **구성**이라 부를 것을 선택하겠는데, 그것은 담화 안에서 증거 과정을 시험해 보려는 사실이나 생각에 대한 시행착오이다. **논증의 논리**에 대해 말한다는 것은 모든 논증이 어떤 추론에 의존하고, 그런 논증이 증거나 반증의 의도에서 생각되는 요소들을 분명히 하려는 것을 말하는 것에 관계될 때만이 어떤 의미를 갖게 된다. 행위의 논리와 실천적 논리는 구체적인 것에 기재된다는 한에서는 마찬가지로 **자연 논리**이다. 이런 논증의 논리는 다르게 말하자면 추론의 고전적 형태인 연역·귀납·유추와 같은 형태를 질문할 필요성을 있게 한다.

연역법

오랜 기간 동안 삼단논법은 연역법의 완벽한 형태로 간주되었었다. 그러므로 수학적 담화의 연역 형태는 연이어지는 삼단논법과 동일시되었다. 로베르 블랑셰[7]에 의하면, 수학자 레오나르드 오

일러(1707-1783)가 "기하학에서 그렇게 많은 참을 보여 주려는 모든 추론이 형식적 삼단논법에 함축된다"라고 생각하고 있기 때문에, 이와 같은 생각은 오랜 기간 동안 존속하게 됐다고 한다. 19세기가 되어서야 사람들은 수학적 추론의 엄격성을 삼단논법의 기제론적 빈약함에 대립시키게 된다. 그 이후로 그들은 이런 대립에 종속되어 있게 된다. 하지만 연역 체계의 **범주적 해석**과 **가설적 해석**간의 구분은, 실제로는 아리스토텔레스식의 구분으로 존속하고 있는 유산이기 때문에 잘못된 것이다. 범주적 연역에서 어떤 원리로부터 출발하고, 목적은 이와 같은 확실성을 결과에 전이시키게 된다. 우리는 증명해 보인다. 가설-연역 체계에서 우리 자신은 명제의 참가치에 대해서는 질문하지 않지만, 그 명제가 함유할 수 있는 것에 대해서는 질문을 제기한다. 경험적 방법을 사용하고 있는 것은 이와 같이 두번째 경우의 전형이 된다. 아리스토텔레스 논리학은 우리가 **본질**을 예측할 수 있는 **실존**의 존재에 근거를 둔 것이다. 스토아학파는, 반대로 명목론자들이며 시간적 사실들을 취급한다. 아리스토텔레스에게 있어서 생각해야 하는 것은 **존재**이며, 스토아학파가 생각해야 하는 것은 **사건**이다. 아리스토텔레스의 이론과 스토아학파 이론간의 차이점은, 전자가 실존의 특성을 취급한 데 반해서 후자는 사건에 결부짓고 있다는 것이다. 이것은 추론 형태와는 별개의 것이다. 가설적 삼단논법은 필연적 규칙에 의해서라든지, 혹은 관찰의 총체에 의한 임의적 결론으로 다음과 같이 유도해 내고 있다.

S'il y a du soleil, il fait jour.
햇빛이 있다면 날씨가 좋을 것이다.

S'il est roi, elle sera reine.

그가 왕이라면, 그녀는 왕비일 것이다.

연역 이론은 반면에 **관계**를 이용한 명제 변항을 취급하는 것과 관계되는 순간부터는 삼단논법론 이상의 것이 된다. 우리는 더 이상 주어에 부여될 수 있는 특성을 생각할 수 없지만, 두 개의 주어 간에 설정될 수 있는 관계에 대해서는 생각할 수 있다. 모든 연역적 추론에서 고려해야 할 사항은, 항(項)들간의 동일성과 내포는 그렇다고 해서 관계되지 않고, 원리가 참이라는 조건에서 한 결과의 참을 보증해 주는 논리적 관계가 될 것이다. 결론은 전제에 종속되어 있지만, 그 결론은 전제에 포함되어 있지는 않다. 논리적 관계의 기능은 명제가 허용된다면, 정신이 다른 것을 그 명제로부터 허용하게 해주는 것과 같은 연결을 설정해 준다. 이런 관점으로부터 **연역법**이란 것은 주어진 원리로부터 출발하여 엄격한 가상적 결론을 겨냥한다는 점에서, **일상적 논증의 중심에 있게 된다**. 하지만 거기에는 역설적인 요소가 잠재되어 있다. 그것은 **국부적**으로만 가능하고, 항상 **상대적** 문맥에서만 가능하다는 것이다. 결과적으로 추론과 대상의 양식에 사로잡혀 근거를 두는 연역법은 종종 함유보다는 귀납이나 유추에 더 가깝다고 할 수 있다.

귀납법

귀납법은 한 마디로 개별적인 것에서 일반적이고 보편적인 것으로의 이행 과정으로 정의된다. 이와 같은 보편성은 초기에 고려된 사실의 설명을 제공해 주고 있는데, 그것은 다른 말로 하면 규칙이다. 아리스토텔레스의 《분석론 전서》(II, XXIII)는 두 가지 관찰 사실로부터 얻어진 추론의 경우를 예문으로 들고 있다: "인간과 숭어, 그리고 말은 담즙이 없고 오래 산다. 그러므로 담즙이 없는 다른 동물은 오래 산다는 사실을 추론해 낼 수 있다."

아리스토텔레스는 첫번째 특성을 부여받은 동물을 열거하는 것은 완벽하고, 이 모든 동물은 두번째 관찰 사실에 대해 잘 헤아릴 수 있음이 필요하다고 덧붙이고 있다. 그는 이런 것을 **귀납에 의한 삼단논법**이라고 명명하고 있다. 다른 말로 하면, 그것은 거꾸로 된 삼단논법과 관계된다. 이것은 귀납법이란 것이 우리가 이미 지니고 있는 지식과 마찬가지로 어떤 지식도 가져다 주지 않는다는 것을 말한다.

오랜 기간 동안 사람들은 귀납법에서 과학적 방식의 동기가 되는 요소를 보아 왔다. 쥘 앙리 푸앵카레[8]는 과학의 방식에서 수학의 풍요로움을 보았다. 하지만 클로드 베르나르[9]는 오랫동안 경험 과학은 사실들의 단순한 관찰에 근거를 둔 귀납보다 더 좋으며, 규칙의 결과가 되는 귀납이나 사실로부터 규칙에 관한 개념의 방식이 있다는 것을 주장했다. 그리하여 두 가지 형태의 과학적 방식이 구분될 수가 있는데, 하나는 경험적으로 통제된 것만을 주장하는 것이고, 다른 하나는 조작된 관찰의 설명적 원리를 제공해 줄 수 있는 명제를 발전시키도록 하는 것이다. 실제로 이 두 가지는 상호 보완적으로 기능하고 있는 상황에 있다. 과학자들에게 있어서 하나의 현상은 무엇보다도 대상과 장소의 관계들이다. 프랑수아 자코브[10]가 쓴 것과 같이 "현상의 필연성과 사건의 우연성간에 있는 것"을 구분해야 하기 때문에 이런 관계들은 규칙 내부에 조직되어 있다. 이와 같은 규칙은 매번 논의될 때마다 그것이 지배한다고 여겨질 과학적 대상에 대해 필연적인 판단 사실이 될 것이다. 추론은 그리하여 연역의 형태를 띠게 되며, 이전에 선행되었던 귀납적이며 유추적인 모든 단계를 망각하지 못하도록 한다.

유 추

19세기까지 유추는 귀납이나 연역과 더불어 일종의 추론 양식에 밀접하게 연관되어 있는 세 가지 요소를 구성하고 있었다. 사람들은 다음의 세 가지 양식, 개별적인 것에서 일반적인 것으로(귀납법), 일반적인 것에서 개별적인 것으로(연역법), 그리고 개별적인 것에서 개별적인 것으로라는 요소(유추)를 구분하였다. 이와 같이 토론 가능한 분류에 대한 유일한 정당성은, 이 세 가지 요소에 공통적으로 원리에서 결과까지 같은 발전 과정이 있거나, 혹은 그 반대일 경우나 유추의 경우에서와 같이 같은 측면에 있게 되는 사실이 있을 것이라는 바이다. 여기에서 제기될 수 있는 문제는, 비교할 만하게 해줄 목적으로 대상과 상황을 대비시켜 주는 **유사성의 체계**를 우리들 각자가 사용하는 방법에 대해 어떻게 분석하는가 하는 것이다. 질문이 다소간은 애매한 면이 있다. 아리스토텔레스에게 있어서는 수학에서의 비율에서와 같이 관계들의 평등성을 설정해야만 하는데, 그것은 "C가 D에 속하는 것과 같이 A는 B에 속해 있다"[11]라는 경우와도 같은 것이다. 오늘날 사람들은 사실·존재·상황간에 있는 유사성을 인식하게 되자마자 유추에 대해 말하고 있다. 정의의 모호함은 유추에 대한 모든 역설적인 적용을 허용하고 있다. 그렇게 해서 조르주 페렉[12]은 중국어 분류라는 역설적 예를 다음과 같이 들고 있다: "A) 황제에 속하는 것,

B) 향내가 나는 것, C) 길들여지는 것, D) 젖먹이 돼지류, E) 기형 동물류, F) 신화적인 것들, G) 놓아 기르는 강아지들, H) 현재 분류에 포함된 것 등."

과학에서 유추는 필요할 경우에는 나름의 역할을 할 수 있다. 그 결과로 19세기에 기관과 기능간의 유추 덕택에 비교된 해부학이 발전하게 된 것이다. 하지만 종종 참된 유추로 주어진 것을 더 가까이에서 바라보면서——있는 그대로 두 가지 비율간의 관계, 이런 관계를 알면서 세 가지 항목을 알게 된다——나는 그로부터 네번째를 결론지을 수 있게 된다. 이것은 귀납법이라고 불렸던 것만큼이나 연역법과 아주 흡사하다는 것을 알 수 있다. 생물학자나 법률학자에 의해 사용된 이런 식의 비교는 연역법이 국부적으로 관여하는 것을 제외하고, 엄격함의 서로 다른 층위에 의하면 유추보다는 연역법에 더 근접해 있다. 아리스토텔레스는 그의 **분석**에서, 삼단논법적 연역법과 그것의 반대인 귀납법에서 추론의 두 가지 기본적 형태를 다시 나타내 보이고 있다.

진정한 문제는 자연적 논증, 즉 일상적 담화가 과학의 필요를 위해 정의된 다른 엄격한 형태를 존중해야 하는지, 혹은 존중하지 않아야 하는지를 알아야 하는 것이 아니다. 논증과 논증법, 다시 말해서 사실과 거짓의 엄격함 사이에 있는 대립은 페렐만이 생각했던 것과는 반대로 그다지 유용하지가 않다. 중요한 것은 논증하는 언주를 통해 사용된 조작과, 이런 조작 과정이 의존하고 있는 **뿌리내림**의 형태(개인·사실·대상·개념·상황들)를 이해하고 분석하는 것이다. 그렇다면 **자연 논리**를 정의하는 것이 가능하단 말인가?

ᴈ· 자연 논리

장 블레즈 그리즈[13]에 의하면, 자연 논리는 "도식화를 구성하고 재구성하게 하는 논리-담화적 조작 과정의 연구"로 정의될 수 있다고 한다. 그런데 사고의 조작 과정을 연구하는 것과 문제가 된다. 여기서 수학적 용어로 쓰이는 조작 과정이란 용어는, 그 자체(내적 조작 과정)에 대한 전체의 적용과 다른 전체 속(외적 조작 과정)에 있는 것을 일컫는다.

그리즈는 간단한 발화체에서 출발하여 자신이 전개하려는 방식에 대해 다음과 같은 예문을 제시하고 있다: "판화의 가장자리가 완전히 흐릿하다는 것은 유감스런 일이다." 그리즈는 그런 발화체의 산출이 **원초적인 개념**(판화/흐릿한)에서 출발하고, 이와 같은 개념으로부터 발화의 작업은 **술어쌍**(흐릿하거나/흐릿하지 않은)과 같은 형태를 갖게 되며, (판화의 가장자리가 완전히 흐릿하다는) **판단 내용**에 일치하는 **분류/대상**을 정의하도록 되어 있다고 생각한다. 그로부터 "판화의 가장자리가 완전히 흐릿하다는 것은 유감스런 일이고, 그것은 고쳐져야 한다"라는 **담화 형태의 형상** 속에서 기입될 수 있는 "판화의 가장자리가 완전히 흐릿하다는 것은 유감스런 일이다"라는 발화체가 나오게 되는 것이다. 여기에서 거론된 원초적 개념들은 사고에 속하는 것이지, 언어의 측면에 있는 것은 아니다. 그런 개념들은 "어떤 점에서는 문화적인 것, 공통의 의견, 혹은 세계의 물리적 경험"[14]에서 차용해 오고 있다. 모든 담화는 그리즈가 일반적인 것으로 가정하고 있는 두 가지 조작 형태를 사용한 이런 식의 원초적 개념에 뿌리내리게 된다: 그 하나인 조작

형태 α는 대상을 산출해 내는 것(앞선 예문에서의 대상인 '판화')
이고, 다른 하나는 상황(여기에서는 대상 '판화'에 부여된 술어 '흐
릿한')에 따라서 이 대상에 부여하는 술어 형태(특질이나 특성)를
구축하는 조작 형태 π가 있다. 그리즈에게 있어서 대상을 조작하
는 것은 대상을 구축하는 것 이상을 만들어 내는 것이다. 그 조작
형태는 새로운 대상의 기여를 통해 풍부해질 수 있는 하나의 **분
류-대상**이란 짝을 도입하게 된다. 이와 같이 대상의 조작 형태에
결부된 술어의 조작에 관해서는, 술어쌍[대상+술어]을 산출해 내
고 다소간은[흐릿한] **대립되는** 요소들을 구사하게 한다.

이런 관점으로부터 발화체는 매번 발화 주체자에 의해 판단 내
용을 책임지고 있는 결과로 간주되어질 수 있을 것이다. 같은 표
기 형태에 대해 여러 형태의 표기를 허용해 준다.

우리가 'b = {판화의 가장자리}, +/-F = 다소간은 흐릿한, m = 완
전한'이라는 것을 제기한다면, 다음과 같이 "mF(b) = 판화의 가장
자리는 완전히 흐릿하다"라는 것을 표현할 수 있을 것이다.

그리고 S라는 주어를 이와 같은 명제에 부여하게 된다면, 그것
은 다음과 같이 표기될 수 있을 것이다: S/……mF(b).

그것은 다음과 같은 것을 의미할 수 있다.

1) 나는 말한다: "판화의 가장자리는 완전히 흐릿하다."

혹은 "M = 유감스런 일이다"를 넣어서 M(mF(b))의 형식을 만
든다:

2) "판화의 가장자리가 완전히 흐릿하다는 것은 유감스러운 일
이다."

거기에서 문제는 S라는 주어에 의해 책임지고 있는 것과 관련
된다. 하지만 다음과 같은 발화 형태를 눈여겨볼 수 있다.

3) "판화의 가장자리가 완전히 흐릿하다고 **당신은 평가한다**"

우리가 'v=당신, +/-E=다소간은 평가하는 것'이라고 제기한다면, 우리는 다음과 같은 형태를 갖게 될 것이다: E(v, △). 이것은 **평가한다**는 것을 옮겨 놓을 수 있으며, 다음과 같은 도표로 나타낼 수 있다.

$$S/\text{...} (E(v, \triangle))$$
$$\triangle$$
$$mF(b)$$

그것은 다음과 같은 사실에 일치되는 것이다.

3′) 나는 말한다: "판화의 가장자리가 완전히 흐릿하다고 당신은 평가한다."

담화라는 것은 일종의 **체계**로 간주될 수 있는 것이다. 체계에서 발화체들은 모든 것을 구성하도록 이루어진 다양한 척도의 형상으로 조직되었다. 이 모든 것을 구성하기 위해 발화체를 연결시키는 것은 그리고(et), 만약(si), 혹은(ou), 만약에······ 그렇다면(si······ alors), 처럼(comme), **왜냐하면**(parce que), **왜냐하면**(puisque)과 같은 소사(小辭)를 통해 표시된 조작 과정들이다. 이런 조작 과정들은 발화체에서 발화체까지 조작되고 있는 측정물들이다.

다음과 같은 측정물의 경우를 들어 보자.

d=que le temps se gâter

날씨가 나빠진다는 것.

d'=qu'il va pleuvoir

비가 올 것이라는 것.

이런 것들은 또한 다음과 같은 사실을 산출한다.

1) Il semble que le temps se gâte et qu'il pleuvra.

날씨가 나빠지고 비가 올 듯하다.

2) Il semble que le temps se gâte et il est probable qu'il pleuvra.

날씨가 나빠지는 것 같고, 비가 올 것 같다.

3) Il semble que, puisque le temps se gâte, il pleuvra.

날씨가 나빠지기 때문에, 비가 올 것 같다.

그리즈에 의해서 제기된 자연 논리는 필연적으로 담화 형태를 차용해 오고 있는 반면에, 우리는 언어 과정의 결과만을 단순히 설명해 주고 있는 묘사의 배열에 있게 된다. 그렇지만 나는 반대로 언주의 관점에서 논증과 담화, 즉 행위에서의 담화의 형성 과정에 적용된 **인지적** 관점에서 이런 언어 과정의 모델을 부여하고자 한다.

U

담화 행위들

　말을 하고, 담화 행위를 한다는 것은 그 행위의 방식인 언어와 모든 사람들에게 공통된 체계를 차용해 오는 것이다. 또한 말하는 방법과 하나의 담화에서 다른 담화를 발견하게 되는 형태가 있다는 것은 전혀 의심의 여지가 없는 사실이다. 이런 과정을 포착한다는 것은 그다지 어렵지만은 않다. 하지만 사람에 대한 논거(**반박하는 논거**)를 사용하거나 사용하지 않는 담화를 말하는 것은, 그 담화가 어떻게 구축되는지를 설명하기에 충분한가? 문제는 담화를 만들게 해주는 것과 관련된다. 다른 말로 하면 어떻게 우리가 그 담화의 의미를 알게 되고, 어떻게 다른 단어는 이해하고 이해하지 못하는가? 이런 질문에 직면해서 우리는 부분적인 대답만을 사용할 수 있게 된다.

　하나의 상황과 비교하여, 우리는 그 상황에 대해 말해지는 것, 예를 들어 어떤 청자의 가능한 반응이나 한 사회 일부의 견해가 무엇인지를 항상 상상할 수 있다. 하지만 청자가 우리에게 그것들에 대해 말하거나 청자 자신만의 판단을 진술하게 되면, 일반적으로 우리가 기다렸던 것이 아닌 다른 단어와 부딪치게 된다. 우리 언어의 단어이지만 우리가 예견할 수 없는 식으로 배열된 다른 것에 의해 선택되었기 때문에, 우리 자신의 언어가 아닐 수도 있다.

개별 담화를 산출하는 것은 자기에게 고유한 독창성에 유리하게 논지한다.

우리는 항상 '의미를 갖고' 그것이 우리 자신에게 속해 있길 바란다. 우리가 단어에다 그렇게 많은 다른 의미를 부여한다는 것을 어떻게 알아보겠는가? 어떤 기준으로부터 우리가 듣고, 읽는 담화를 해석해야만 하는가? 정확히 말해서, 사회에서 혼동되지 않고 사회적 사고의 논리에 토대를 두는 데 기여하는 언어에 대해 토대를 두기 때문에 담화에는 나름대로의 논리, 즉 모든 담화에 공통되는 논리가 존재한단 말인가? 나의 대답은 긍정적이다. 몇 가지 질문이 제기된다. 어떻게 의미는 담화에 의해 만들어지는가? 게다가 구성이 있다면, 어떤 유형의 **인지적이고 개념적인 행위**를 담화를 조직하고 있는 주체로부터 가정하겠는가? 이와 같은 행위를 **조작 과정**, 다시 말해서 하나는 사고이고, 다른 하나는 담화의 조작 과정을 이용하여 정의할 수 있고, 그것들을 대부분의 담화에 개입하고 있는 **책략**을 설명하기 위해서 결합시키고 있는가?

1. 기호와 의미 사이의 관계들

기호와 의미 사이, 단어와 그 단어의 의미 사이에 있는 관계의 문제는 이론을 나타내 줄 만큼의 기나긴 역사를 갖고 있다. 하지만 나는 여기에서 그것에 대해 간단한 역사만을 환기시킬 것이다. 플라톤은 단어의 올바름에 대해 의문을 제기하면서, 단어 없이 도덕적 관념이나 대상에 대한 관념 등에 대해 생각하면서 똑같은 대상에 맞게 해야 한다고 결론짓는다. 의미는 **관념**이고 **근원**이며 실체나 사고에 공통된 지적 원리이다. 아리스토텔레스는 이와 같은 사고의 선험성을 거부하고 구체적 개인에 결부되어 있는 **형태**를 선호한다. 중세에는 우리가 물려받은 개념에 대해 이런 식으로 발전해 온 전통을 허용하고 있다. 개념적 사고는 몇 가지를 제외하고는 구체적 경험이나 관찰로부터 추상적 형태를 추출하도록 구성되어 있다. 중세 사람들은 지시와 의미 사이의 양태, 즉 존재 양태간의 관계에 대해 몰두하였다. 오늘날에도 그들은 똑같이 기호와 의미 사이의 관계에 대해 주장하고 있다. 그동안에 **본질**의 질문, 다시 말해서 사물 속에 있으며, 그것을 구분해 주는 원리들의 질문은 명목론에, 그리고는 근대의 경험주의에 자리를 내주었다. 명목론[1]은 경험주의[2]와 같이 한편에서는 경험에서 나온 우리의 감상을, 그리고 다른 한편에서는 사고가 쌓아올리고 있는 추상적 개념들간에 존재하고 있는 간격을 풍부하게 해주는 필연적인 어떤 것에 대해 몰두한다. 그 두 가지는 이와 같은 질문에 대한 대답을 언어 기호 안에서 찾는 방법을 알게 한다. 기호들은 사실의 의미에서 유래되는데다가, 대상을 나타내기 위한 이런 기호들은 어떤 하나를 다른 자리에 놓을 수 있고, 대상을 나타내며, 그리고는 그 대상을 다른 기호로 나타낼 수 있다. 그러므로 기호의 형성 과정으로부터 의미 과정이 생겨나게 되는 방법에 대해 질문해 보는 것은 중요한 문제라고 생각한다.

페르디낭 드 소쉬르[3] 이후에 언어학의 발전은 이와 같은 의미 산출 개념을 기호에서부터 견고하게 다져 나가고 있으며, 마찬가지로 지난 20년 동안 언어 분석은 두 가지 중요한 방향으로 방향을 잡아 가고 있었다.

기호학이라 불리는 첫번째 요소는 사회 양식에 있는 일반적인 기호들 총체의 한 부분에 불과한 언어 영역을 벗어나는 데 있다. 한 사회의 존재를 특징짓는 기호들의 각기 다른 분류는 그 기호 간의 일치점에다가 대응 관계를 나타낸다는 사실을 가정하고 있다. 그것은 한 사회에서 기능하고 있는 기호 체계를 일치하게 할 수 있을 때부터 한 사회의 일반적 의미를 이해하고 있는 잠재된 생각과도 같은 것이다. 이상하게도 우리는 모든 것은 기호이고, 모든 것은 언어이며, 그 언어는 모든 사물에 설명적 체계가 된다는 생각에 빠르게 이르게 된다.

'담화 분석'이라고 불리는 두번째 지침은 같은 일반화의 정신에서 생기는 것이다. 이 방식은 발화체, 다시 말해서 기본 문형의 구성 요소를 지배하도록 가정된 규칙과 똑같은 기능의 규칙을 담화 층위에서 적용하게끔 구성되어 있다. 우리는 언어의 조직이나 기능의 서로 다른 층위가 그들간에 대응 관계, 그렇지 않으면 등치 관계를 유치한다고 가정한다. 그런 다음 담화 의미는 산출되는 외적 상황과 비교해서 더 이상 정의되는 것이 아니라, 그것이 구성되고 있는 방법에서부터 독단적으로 정의된다. 우리는 대상을 아주 용이하게 해주는 이런 개념의 성공을 간과하게 되며, 부분으로 이루어진 담화 분해의 모든 작업은 이와 같은 담화의 설명 조건이 된다고 주장할 수 있을 것이다.

어떤 경험주의는 그런 내용을 내포하고 있는데, 형태나 구조는 그 자체만으로 의미를 생성하는 것으로 가정된다는 사실은 이를 잘 나타내 주고 있다. 이런 유(類)의 경험주의는 오늘날에는 존 랭쇼 오스틴[4]에 의해서 발달된 **언화 행위**에서 파생된 화용론이라는 개념에서 연구되고 있다. **언화 행위**는 명제 행위(말하는 행위), 발화 내적 행위(말하면서 하는 것: **약속·기원·확언** 등), 발화 매개 행위(말하는 사실에 의해 산출해 내는 것)로 구성된 총체로 정의된다. 문장의 논리적 힘은 이와 같이 세 가지 형태 행위가 결합한 데서 유래된다고 할 수 있겠는데, 그것은 간략히 말하자면 담화의 의미와 마찬가지로 한 문장의 의미는 이러이러한 행동 유형을 산출해 내는 발화 주체의 어떤 **의도**를 지닌 대화자를 통한 인식에서만 보게 된다는 것이다. 의미의 종속으로부터 형태까지, 담화는 방법의 목록으로 요약되는 언어 개념으로 넘어오게 되었다.

요약해 보자면, 의미에 대한 두 가지 일반적 개념은 텍스트나 담화에 가장 잘 적용되었다. 첫번째는 기호학적 분석의 확장에서 유래된다: 수많은 문장의 내적 구조는 의미를 산출하는 것을 가정하고, 텍스트를 설명하는 방법에 대해 방향을 설정해 준다. 문장의 의미적 분석에서 도출되는 두번째는, 지칭 문제에 대한 의미의 설명을 이끌어 낸다. 담화에 대한 모든 해석은 그 담화의 산출을 변경시킬 수 있었던 상황에 대한 해석과 맞바꿀 때만이 가능할 것이다. 모든 담화는 그것이 조직되는 방법에 따라서 가정되었으며, 의미의 설명성을 밝혀낸다는 것은 단지 포괄적일 수 있는데, 결과적으로는 그 담화의 외부에 있게 될 것이고, 사회적 혹은 역사적 상황이 제도의 공허한 이야기에 결부되었다고 주장하지 않는 한 그런 사회적이거나 역사적 상황에서 찾게 된다. 예를 들어 어떤 이들은 법률 담화가 법학에 토대를 두었다고 생각하고, 다른 어떤 사람들에게 있어서 담화는 은밀하게 작용하는 사회-경제적 힘의 관계에 대한 가면일 따름이다. 이 두 경우에 의미란 것은 드러낼 필요가 있는 숨겨진 지칭 관계로서만 생각되거나, 담화를 뛰어넘어서만이 해석된다. 그러므로 언어의 특수성은 무시되었으며, 언어는 단지 의미 작용을 전달하는 방법으로만 인식되었다. 우리는 모든 담화가 의미를 산출하고, 의미가 기획하는 바에 대해서 답변을 주고 있다는 사실을 알고 있다. 마찬가지로 우리 자신은 모든 언어의 산출이 의미 작용을 지칭해 준다는 것도 알고 있다. 하지만 담화 안에서 조작되고 있는 것이 무엇인지, 어떻게 거기서 조작되고 있는지에 대해서는 알지 못한다.

2. 담화 의미

담화에서 조작되고 있는 것은 어휘나 사회 영역, 체계화된 상황에서 이와 같은 담화를 포착하게 해주는 의미 작용이 있으므로 해서 반드시 찾아지는 것은 아니다. 문제가 되고 있는 것은 담화가 담화와, 주어진 순간과, 정해진 상황에서 주체에 의해 산출된 언어의 원래 사실과 같이 매순간 구성하고 있는 사건 사이에서 설정되고 있는 형태의 관계이다. 모든 담화는 이와 같은 상황에 의한 사건이기도 하지만, 나는 그와 같은 시공간의 특성과는 별개로 담화가 그 자체 내에 존속하는 것에 의한 사건이라고 말하고자 한다. 스토아학자들은 이미 "의미란 것이 명제에서 지속하고 존속하고 있는 사건과 명제를 표현했다"[5]라고 주목했었다. 어떤 담화이건간에 이미 말해지거나 쓰여질 때마다 그것이 나타나게 된 상황으로부터 분리되어졌다. 담화의 의미는 그 담화가 말해진 것의 의향이 아니고, 독자들이나 청자들에 의해서 다시 식별되며, 다시 창조되고 창조되어지는 의향과도 같은 것이다. 결과적으로 의미란 것은 무엇보다도 한 발화체의 용어들이 제기했을 때 설정된 관계를 말한다. 담화의 의미란 이와 같이 담화가 구축되어지는 순간부터 존재할 것이다. 담화의 명제간에 구성되어 있는 관계들은 그 담화가 이해되고 받아들여지는 것을 만들 것이며, 적어도 어떤 독자에게는 의미가 있다는 것을 만들게 해줄 것이다. 의미란 무엇보다도 단어, 그리고 명제들과 담화를 구성하고 있는 것들간에 이루어진 **대면의 관계**로부터 만들어진다. 그것은 더 일반적인 의미를 추구하는 국부적이고 내적인 의미 작용을 일컫는다. 의미 작용은 담화를 가리킬 수 있고, 그 담화를 **해석하게** 해줄 지칭 관계의 망으로 이루어진다.

언어의 표시 작업 덕택에 실현될 수 있고, 언어학의 요소와 외적 요소, 담화의 단어와 이런 단어의 실체가 우리에게 **읽어 주는** 것간의 관계를 고정시키면서 의미 구성이라는 형태하에서 지칭성의 문제를 살펴보게 된다면, 그 지칭 관계의 문제는 실질적인 해결책을 찾아낼 수 있게 된다. 예를 들어 한 문장의 주어는 문장에서 동사에 근접해 있는 자신의 자리를 통하여 그 동사에 의해 표현된 상황이나 행위의 주체가 될 것이라는 바를 알려 주며, 그 주어는 자신에 연결된 어떤 상황이나 행위가 사실임직하고 허용할 수 있는지, 그리고 그런 상황이나 행위가 결과적으로는 실체를 가리키는지 판단할 수 있게 하면서 지식의 조건을 고려할 것을 강요하게 된다.

담화는 항상 실체를 겨냥한다. 하지만 그와 같은 실체는 담화가 마치 일종의 사진술의 판 위에서와 같이 있는 그대로를 연상시키는 원초적 자료체가 결코 아니다. 그것은 주어지고, 구성되고, 재작업할 수 있게 해주는 외적 수단에 불과하다. 담화란 다른 의미 작용에 관계하면서 이와 같이 의미 작용에 영향을 끼치고 있다. **담화의 의미**가 있게 되는 곳이 바로 여기에 있다고 볼 수 있는데,

그것은 다른 의미 작용을 산출하는 것이다. 논지의 방법들, 즉 의미의 **배치·이동·해체·구성, 그리고 지칭 관계에 대한 사실의 행위**와 같은 의미에서의 방법들이 관여하게 되는 곳이 바로 거기이다. 하지만 언어만큼이나 의미와 거리가 있는 방법은 이런 지칭 관계에 대해 취할 것을 허용해 준다. 한 담화의 논지는 무엇보다도 그것을 정당화할 목적으로, 다시 말해서 친밀하고 확인된 표상 안에 담화를 뿌리내리게 할 목적으로 지칭 관계에 대한 표상을 나타내 준다. 이와 같은 표상에 대한 방법——외적인 것을 가리키면서——은 담화에서 언어학적 표시의 배열과 용도를 통하여 산출될 것이다. 단어들의 관계 맺음이나 의미를 만들기 위해 이런 용어를 결합하는 명제들의 결합이 바로 그에 해당한다. 그렇게 하여 **사실임직함**, 그렇지 않으면 참이라는 구실로 허용하게 해줄 수 있는 어떤 논리에 답할 수 있는 의미를 구축하게 될 것이다. 각 개인은 이 세상 모든 사람에게 허용되고 있는 어떤 참도 존재하지는 않지만, 합의에 의해 도출될 수 있는 부분적 참이 있다는 것을 알고 있다. 논지한다는 것은 이와 같은 부분적 참을 강화하고, 축소시킬 목적으로 그 부분적 참에 영향을 끼치는 것, 다시 말해서 그런 참에 연결되어 있는 의미에 가치를 부여하거나 평가 절하하려고 하면서 그 부분적 참에 영향을 끼친다.

요약해 말하자면, 담화의 의미란 무엇보다도 대상의 형태를 존재 양식에 관계시키는 한편, 다른 한편으로는 어떤 독자들에 의해 적어도 인정받거나 혹은 모든 사람에 의해 허용된 세계의 대상——물리적 대상, 사회적 주체자들, 상황, 사건, 견해, 이론, 신념——에 지칭하면서, 의미를 부여하거나 구축하는 대상들의 형태들 내에 존재하고 있다. 그러므로 이야기한다는 것, 논지한다는 것은 작용하는 것이다.

ㅋ. 주체의 행위들

　모든 논증은 주체에 의해 배열된 행위의 총체를 일컫는데, 한편으로는 필연적이고 다른 한편으로는 가능한 것이다. 한편으로 필연적일 수 있다는 이유는, 담화가 언어에서 잘 있는 것과 같이 인식되고, 의미론적인 이해성과 통사론적 수용 가능성의 기준에 대답해 주는 것과 같이 인식되기 위해서는, 언어가 구조화되고 구조화되어져야 하는 방법으로 주체가 사용하고 있는 언어의 제약을 고려해야 하기 때문이다. 다른 한편에서 가능하다고 하는 것은 이전 제약에 대한 방식에서, 즉 주체가 다른 것과 관계하여 어떤 하나를 용어의 자리나, 담화 명제의 구성이나, 연쇄 양식을 선택하면서 실행할 수 있는 방식의 형태에서 가능하다는 것이다. 모든 담화는 서로 다른 식으로 지칭하고, 상상하고, 보여 주는 방식을 가져다 준다. 세계에서 언어의 관계나 의미에서 담화의 관계는 항상 상호 보완적인 두 가지 언어 기능을 통하여 조작되고 있다. 내가 말하고 있을 때, 나는 그것을 명명하면서 사물을 지칭할 수 있다. 나는 마찬가지로 이와 같은 지시를 이용할 수 있다. 다른 모습을 구성하고, **다른 것을 보여 주기 위해 기호로써** 그와 같은 지시를 사용할 수 있다.

　첫번째 경우에서, 나의 목표는 단어와 사물간의 직접적인 일치점을 표시하고, 사물을 단어 속에다 포함시키게 될 것이다. 두번째 경우에, 나는 이전에는 그 지시가 지칭하지 않았던 것을 향하여

지시의 경계를 옮겨 가면서 첫번째 경우와 같은 내포하는 방식을 사용할 것이다. 말하는 것과 **하물며** 쓴다는 것은 유표화되는 것과 무표화되는 것간의 관계를 이용하는 것인데, 의미를 지칭하거나 이와 같은 지칭을 다른 의미에 옮겨 놓고 기호와 사물간의 관계를 이용하는 것을 말하고 있다. 다시 말해서 '나' 라고 하는 주체는 사물과 기호간의 엄격한 일치점의 간격을 유지할 수 있고, 단어와 의미간에 있는 모호함을 다룰 수 있고, 또한 모습을 보여 줄 수 있는데, 그만큼 그런 간격을 없앨 수 있고, 의미 작용을 지칭하고 강요할 수도 있다. 우리의 일상적인 언어 활동은 이와 같이 담화 대상을 **배제하고 통합하는 능력**에 토대를 두었으며, 그 담화 대상에 부여하는 의미 작용을 한정하고 확대하며, 언어를 허용하게 해주는 배열의 결합 관계와 단어들의 의미론적 조형성을 이용하면서 새로운 담화를 구성하려는 능력에 토대를 두었다. 이와 같은 구성은 단지 두 가지 세계, 하나는 **언어학**, 또 다른 하나는 **화용론**의 세계를 뒤섞어 놓는 것에 의해서만이 가능하다.

언어학적 세계는 언어를 구성하고 문법을 도식화하는 규칙성에 토대를 둔 언어의 체계인데, 주어의 위치, 동사의 위치, 보어의 역할 등이 이에 해당하는 것들이다. 이런 체계를 적용하는 것은 모든 담화로 하여금 **표시 관계의 총체**로서 간주되도록 해줄 것이다. 그와 같은 표시가 설정하고자 하는 방법은 독자와 청자가 단계별로 담화의 의도를 구축하려는 의미 작용을 포착하기 위해서 뒤따를 수 있는 의미의 포착과 여정을 담화 내에서 구축하게 할 것이다. 이런 첫번째 체계는 기능적 제약의 관계로 고려되어야 한다. 담화를 발화하고 작성하는 주체는 언어의 구조화를 고려해야만 하고, 그 결과 주체의 담화는 일관성 있는 것으로 이해되고 판단

될 수 있다. 하지만 그 주체의 담화가 어떤 영역에서 받아들여지고 기능할 수 있기 위해서, 그 주체에게는 마찬가지로 그 영역과 관련해서 정당한 것으로 인정되어지는 것을 확신할 조건을 고려할 필요가 있게 된다. 이 조건들은 모든 언어가 알고 있으며, 그 언어 내에서 여러 종류의 언어를 구분해 주도록 하는 협약인 것이다. 사회 영역에 관계되는 것에 따라서, 우리는 사물을 명명하고 지칭하는데, 다소간은 안정되어 보이는 방법이나 모습을 보여주고 표현하는 양식, 그리고 이런 모습을 사용하는 양식을 지니게 될 것이다. 이런 협약을 받아들이는 것은 적어도 여기저기서 해석되어질 담화에서 확신되고 있다. 이렇게 포착되는 것과 이런 식의 언어 활동이 언어학을 이루고 있으며, 사회적 삶이나 용도·역사가 명명하고 표현하는 방법의 근간을 이루고 있다. 담화를 구성하고 논지한다는 것은 문법이 단어에 지정하는 역할에 따라서 그 단어를 두게 할 줄 아는 것만을 말하지는 않는다. 그것은 또한 어떤 유형의 표시가 어떤 사회적 의미 작용에 연결될 수 있는지, 혹은 적어도 그런 의미 작용을 암시해 주는지를 아는 것이다. 논지한다는 것은 그러므로 우리가 담화에서 단어나 표현에 부여할 자리에 대해 투자하는 것으로 이루어지고, 또한 우리가 담화의 명제를 구성할 방법과 순서에 대해 투자하고, 그런 표현들이 습관적으로 표현되고 해석되어지는 방법과 관련하여 차이나는 것을 구성하고, 결과적으로 다른 의미를 만들어 내게 한다. 해석한다는 것은 이와 같은 차이나 새로운 거리감을 포착하게 해주는 것이다.

　화용론 체계는 언어 행위나 담화 양식의 총체나 하위 총체를 구성하는 방법들의 총체를 일컫는다. 그런 체계는 담화 구성에서 사회적 용도에 의해 가해진 의미론적이고 구성적인 규칙성과 관련된다는 면에서 행위에 대해 말할 수 있게 한다. 이런 행위에 대한 분석은 지시 관계와 표상간의 담화, 이 담화가 취급하고자 하는 세계의 대상과 담화가 그 대상에 부여하려는 모습, 다시 말해서 그 대상에 관계되는 새로운 의미간에 설정된 거리를 고려하는 것으로 이루어져 있다.

이 두 체계의 기능은 다음 도식으로 요약될 수 있다.

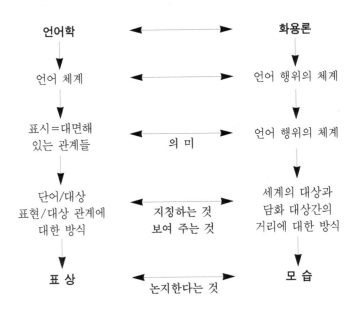

이 도식은 주체로부터 발산되는 세 가지 행위를 분류한 담화 안에 있다는 것을 표현하고 있는데, 그것은 주체의 말들과 주체가 판단하며 객관적으로 판단하고, 주체가 간추린다는 것으로 다음과 같이 요약된다.

주체의 말들

청자와 대화자가 자신들의 결론을 그것으로부터 추론해 내려는 충분한 방식을 완전히 제쳐놓은 채, 해석 안에서 의미를 계획하려는 목적으로 언어에 특징적인 제약들과 이런 언어를 구성하려는 의도는, 언어학적으로 주체 자신의 생각을 연구하도록 유도하고, 그 주체로부터 개념적 관계를 만들어 가게 한다. 조금씩 말할 의도를 명시할 필요성은 담화의 마지막까지 연속해서 조작된 반복이나 재연에 의해 표시될 것이다.

주체는 객관적으로 판단하게 한다

개별 담화는 그 담화에 적절한 개념적 세계의 구성을 허용해 주는 문장이나 단어 사이에 있는 내적 관계로 구성되어 있다. 이것은 의미 작용을 토대로 한 방식에 의해서 뿐만 아니라 표시될 것과 표시되지 않을 것간의 방식과, 그 담화가 기재되는 세계에서 수사학적 용법의 협약과 비교하여 그 담화의 표현 양식을 토대로 한 방식을 통하여 이루어진다.

주체는 간추린다

주체는 하나의 상황과 사건을 묘사하면서까지도 재구성을 하며 간추려 간다. 세계의 사물들과 담화에 의해 정의된 대상간에는 그 담화를 통해 만들어진 차이가 항상 존재한다. 담화는 영상이나 사고를 구성하고, 새로운 대상을 산출하게 하며, 그런 담화의 대상과 그 담화 대상의 외적 지시 관계간에 있는 차이에 토대를 둔 표현 방식을 수행하며, 그런 식으로 해서 논지로 진척되는 새로운 의미 작용을 만들게 한다. 모든 담화는 세계에 대해, 말하기 위해 언어로부터 추출해 내려는 것을 통해서 세계에 대해, 그리고 그 담화가 그렇게 구성하고, 다른 담화에 대한 논지 형태를 취하는 대상에 대한 행위의 총체이다. 이런 행위들은 두 가지 영역에 속한다: 우리가 말하기를 원하고 말할 수 있다는 것을 생각하려는 영역과, 어떻게 그것을 말하는가, 즉 어떻게 우리가 보았던 제약과 조건들에 따라서 담화를 구성하는가 하는 영역이 그것이다.

생각하는 영역은 **인지**에 속하는데, 그것은 지식을 전달하고, 지식의 토대를 마련하고 부여해 주도록 구성되어 있다. 인지의 역할은 담화에 구성된 의미 공간과 행위의 영역을 할당해 주는 것이며, 말해지는 것에 대한 실제 효과를 조작하는 것이다. 그 역할은 담화에 의해 나타난 대상들과, 우리가 지식을 생각할 수 있는 것과 같은 대상들의 외적 지시 관계간의 간격을 조율하면서 나타나고 있다. 모든 담화는 그것이 나타나고 쓰여진 순간부터 그 담화의 주제로부터 분리되어 있고, 이 첫번째 담화의 모습을 구실로 해서 다른 담화를 산출하면서 다가올 담화에 대해 영향을 끼칠 나름대로의 힘을 부여해 준다. 이와 같이 발화체의 의미와 그런 발화체의 사회적 의미 작용간에 있는 차이의 척도·통제·이동의 끊임없는 행동을 이해하지 않고서는 언어 활동, 즉 언어학적 기호와 이 기호들의 대상간에, 그리고 단어와 그 대상들의 세계간에 있는 점진적 변화를 인식할 수가 없다. 그러므로 내가 정의한 것과 같이 언어의 규칙성을 이용하는 **화용론**이란, 그런 표시들로부터 말의 사회적 기입 형태만큼이나 말의 의미 작용에 대한 인식을 확신시키는 조작의 총체로서 간주되어질 수 있다. 그 결과 생각하고, 말하고, 길게 이야기하고, 논지하는 것 사이에는 뒤얽혀 있는 무언가가 있다. 대상이 있을 자리에 단어를, 단어가 있을 자리에 단어를 설정해 놓으면서 언어는 각 개인에게 언어의 표상을 변경시키면서 그 대상에 대해 **상징적으로 영향을 끼치는** 힘을 제공해 주고 있다. 그 언어의 근본적인 역할은 언어만이 허용해 주고 있는 **정보의 항속적인 재조직** 속에 있는 것이다. 언어는 결과적으로 이와 같은 세계의 사물들이 부여해 주고 강요해 줄 수 있을 행위나 상황의 형태에 따라 그 사물들의 특성을 다시 배열하면서, 세계의 사물들을 연구할 것에 대해 조작할 능력을 부여받은 **표상의 적절한 체계**를 이루고 있다.

이와 같이 언어를 조작하는 양식을 구성하는 조작 형태를 정의하는 것은 근본적인 것이라 할 수 있다. 조작이란 용어는 여기에서는 세 가지 의미를 내포하고 있는데, 그것은 "조작의 속성에 따라서 결과를 산출해 내는 힘과 기능의 행위, 정해진 결과를 얻어내려는 목적을 가지고 방법에 대한 성찰이나 결합을 가정하는 행위나 그 행위의 연속체, 그리고 알려진 요소로부터 새로운 것을 산출하게 해주는 정해진 속성의 과정"[6]을 일컫는다.

ㄴ. 언어의 조작과 인지의 조작

앞서 인용된 세 가지 관점으로부터 언어 활동이 조작 체계라는 사실을 알 수가 있다. 그것의 기능은 상황을 나타내고, 의미를 산출해 내는 속성에 맞추어서 상징적 효과를 결정짓는다. 언어는 이와 같이 의미의 결과를 지향하는 언어학적·화용론적 결합 행위에서 나온 것이다. 이런 언어는 담화로 된 구성에서는 주체나, 부분적으로는 대중들의 알려진 요소로부터 그 대중의 정보에 대한 새로운 요소를 산출하도록 해주는 과정의 사용을 나타내 주고 있다. 이와 같은 조작 과정은 개념적이므로 인지적이다. 그런 조작은 담화의 토대를 마련할 것이며, 그로부터 논리를 조직하게 된다. 다시 말해서, 지칭 관계의 근원을 제공해 주는 담화의 대상과 세계의 대상간에 설정된 거리감과 외적인 실체, 즉 우리가 신경을 쓰고 담화를 말하는 표상과, 그것에 부여하는 표상 사이에서 거리감을 해석하는 방법에 대해 암시되고 강요되는 조율이 있다. 이런 조율은 그럴 듯한 법으로부터 수용 가능한 것으로, 가능한 것에서 정당한 것으로, 허용된 것에서 의무적인 것으로 진행된다. 이와 같은 조작 과정과 더불어서 주체·담화 그리고 외부 세계간의 삼각 관계가 구성되는 것이다.

담화의 주체는 자신에 대해 역으로 처신하려는 생각을 세상에서 빌려 옴으로써 나타내고 있다. 담화의 주체는 주체 자신의 생각이 전개되는 과정을 구성해 주는 말을 동시에 구축해 내며, 그 자신의 담화는 어떤 세계를 자신의 것으로 만든다. 그러므로 주체에게는 발화체에서 의미를 만들어 내는 표시자를 선택해야만 하며, 그 결과 이런 국부적 의미로부터 담화의 계획에 답변을 해주는 더 일반적인 의미 쪽으로 밝혀 나가는 일치 과정을 보게 된다. 바로 이런 이유로, 나는 생각하는 것과 이야기하는 것간에 존재한다고 생각하는 뒤얽혀 있는 것에 대해 말했던 것이다. 말한다는 것은 우리가 말하고자 하는 모든 것 이전에 생각한 것을 내포하지 않고, 더군다나 그런 것을 말하려는 방법에 대해서도 완벽하게 예측하지 못한다. 한 발화체를 구성하고 있는 조작 과정은 바로 이와 같은 발화체를 '생각해 내는 것'의 토대를 마련하고, 그것을 표현해 내는 것이다. 그런 사실로부터 담화를 항상 다시 읽고, 다시 듣고 하는 가능성이 있게 되는 것이다. 언어의 근본적인 특성은 언어를 구성했던 조작 과정의 흔적을 간직하는 것이다. 예를 들어서 하나의 발화체에 표시된 부정은 독자인 나에게는 한 발화체를 산출한 사람에 의해 생각된 부정 행위 흔적을 이루게 할 것이다. 나에게 부정이란 어떤 의미의 부정을 조작하는 명령과도 같을 것이다. 이런 것 때문에 우리는 언어가 의사소통을 한다고 말할 수 있는 것이다. 모든 발화체는 한 의미의 모습이나, 동시에 이런 모습을 산출해 내는 행위로 간주될 수 있을 것이다. 그것이 바로 **주어-술어의 관계**이다. 나는 무엇인가를 말을 하고 그것에 대해 무언가를 말한다.

그것이 바로 언어의 기본적 조작 과정인 **주제화와 술어화**이다. 주제화란 대상으로 개별 발화체가 주어지는 것이며, 그 발화체가 말하고, 어떤 것 주변에서, 그리고 그 어떤 것으로부터 발화체가 구성하고 있는 의미를 정렬시키는 것이다. 그것은 동사의 주어가 될 수 있지만, 반드시 그렇지만은 않다. 그것은 명사일 수도 있고, 한 단어일 수도 있으며, 절의 일부가 될 수도 있다. 주제화될 수 있는 것은 무엇인가로부터 속성을 부여받게 될 사실에 의해서만 나름대로의 지위를 갖게 된다. 술어화는 대상에 일치된 특성일 수 있으며, 발화체의 주어에 부여되어 정해진 행위나 생명체, 상황이나 사건과 같은 유형의 주제에 관여하는 판단이 될 수 있다. 그러므로 이와 같이 모든 발화체를 구성하는 기저 관계는 항상 **도식화**

인 동시에 도식인 것이다. 모든 발화체는 대상의 의미에 대한 표상이나 해석, 그리고 그 대상으로부터 새로운 표상을 구축하기 위해 의미를 야기시켰던 행위로써 동시에 주어지게 될 것이다. 더구나 실제 대상이나 다른 발화체, 이미 산출된 담화 등과 같은 질문에 있는 대상의 지위가 어떻든간에 주어지고 있다. **말하는 것은 조작하는 것과는 불가분의 관계에 있다.** 발화체에서 말해진 것은 말해지기 위해 구축되어진 방법으로 우리에게 정보를 동시에 제공해 주고 있다. 발화체에서 생각되어진 것은 동시에 그런 생각을 확신하기 위해 필요했었던 조작 과정에 대해 우리에게 알려 준다.

이와 같이 발화체의 배열에 토대를 두고 있는 주제화와 술어화의 **언어 조작 과정**은, 배열의 이유가 되는 **인지 조작 과정**과는 분리될 수 없다. 언어 조작 과정은 다음과 같을 수가 있다.

── 대상이 있다는 것을 표시하고 지칭하며, 그 대상에 속성을 부여할 특성을 명시화하고, 그 특성에 영향을 미칠 상황·행위·특성을 명시해 주는 **국부화─동일화.**

── 나에게 존재하고 있는 담화의 대상을 연합하거나, 담화의 주체·관계를 개별화할 뿐만 아니라 내가 말한 것으로 구성되고, 내가 지지하고 확신하는 정도나 나의 확실성·신중성 등에 따라서 내가 발화하고 내 자신 사이에 있는 간격이나 단계를 **만들어 내게 하는 것들.** 이렇게 해서 만들어 나가는 것들은, 사람들이 경우에 따라서 거부하고 의심하도록 하는 다른 의미나 다른 담화와 대면해서 항상 **만들어 내지 않는 것들**과 상호 보완적이다.

── 구축된 의미를 획정하고 담화의 대상에 귀속된 의미 작용의 영역을 둘러싸게 만들며, 마음속의 상(像)이나 확신한 것을 강화하기 위해서 실존이나 표상을 응결시키는 **안정화.** 게다가 그 대

가로 다른 개념이나 다른 표상 등을 **불안정하도록** 하고, 이것을 하기 위해서 다른 의미의 비관여적인 면을 끌어내는 것.

이와 같은 조작 과정은 담화를 구성하는 데 있어서 다음과 같은 결과를 설정하게 할 것이다.

—— 담화의 의미 작용이 아니라는 것과, 그런 담화의 내용과 그 담화가 어떤 세계에 대해 확신해 주는 표상이나, 그 세계의 존재 양식에 속하지 않는 대상이라는 것을 표시해 주는 **배제**.

—— 담화의 대상과 담화에 의해 만들어진 표상의 의미에 관여적인 대상만이 무언가를 획정하고, 다른 것과 비교하여 그것을 정의할 것을 명시하도록 해주는 **통합**.

이와 같이 존재하는 양식이 담화의 대상에 영향을 미치면서 그 대상을 어떤 특성으로부터 서술하려는 인지 조작 과정은, 그 대상에 대해 도식이나 그 결과로 일반화·확장·예시의 형태를 취하는 **도식화**를 이루게 할 것이다. 어떤 담화도 한 대상의 특성이나 이 대상에 연결될 수 있는 상황 전체를 부여하지 않을 것이다. 어떤 담화도 이런 대상이나 상황으로부터 가능한 판단이나 행위 전체를 보여 주지 않을 것이다. **모든 담화는 도식화한다.** 이런 식으로 담화가 조작한다는 도식화는 **개념**으로부터만 의미를 갖게 되는 대상의 범주화·분류·재결집의 형태를 취하게 될 것이다. 그 개념들은 이렇게 범주화된 대상들의 근원만큼이나 구성된 대상들을 분류 해독하는 범례가 될 것이다.

5. 대상, 범주, 개념들

담화에 대한 인지 작업은 다음과 같이 규칙적으로 만들어질 것이다.

—— 실제 대상과 더불어 가까이서나 멀리서 관계하여 **도식화된 대상들의 분류.**

—— 범주로 대상들을 구성하게 해줄 어떤 유형의 상황에 따라서 그 대상들의 특성을 해독하는 것: 그것들의 상호적 특성의 측면에서 양립할 수 있거나 양립할 수 없는, 그리고 유사하거나 동일한 다른 대상들.

—— 개념의 측면하에 둘러싸인 의미의 **안정화:** 그것은 적어도 의문시되고 있는 대상과는 불가분의 관계에 있는 원초적이고도 중요한 것으로 인식된 의미 작용이다.

다음 도식은 담화와 그 담화가 만들려고 하는 표상에 의해 사용하고 있는 조작 과정을 통해서 구축된 의미의 역동성을 그대로 옮겨 주고 있다.

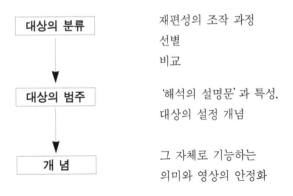

대상의 분류	재편성의 조작 과정 선별 비교
대상의 범주	'해석의 설명문'과 특성, 대상의 설정 개념
개 념	그 자체로 기능하는 의미와 영상의 안정화

논지된 모든 담화는 대상, 대상들의 분류, 이런 대상들의 분류를 모으는 범주들, 그리고 이런 범주들이 토대를 두거나 밝혀내고 있는 개념들과 같이 **단절 · 배치 · 대조의 과정**으로 구성되어 있다. 담화에서 대상들에 대한 범주를 분류하는 것처럼 이런 범주들을 명시적으로 단정하는 것은, 매번 다른 것과 비교한 어떤 것을 삽입하게 될 명칭을 형성하게 할 것이다. 이런 방법으로부터 언어는 나름의 조작성을 증명하게 되고, 그 언어는 세계와 그 세계의 대상들 · 기호들을 열거하고 분류하고 명명하면서, 또한 유사성과 비교, 대립 관계를 설정하거나 설정하지 않으면서 세계의 상징적 조직에 영향을 끼치고 있는 우리 각자의 체계가 된다. 여기에서 내가 **지칭하려는**——정확하고 항상 같은 뜻을 지닌 의미를 명명하거나 동일시하고, 부여하는——행위와——의미의 애매함을 이용하고, 은유화하며, 상상하고 연상시키는——**보여 주려는** 행위간에 상호 작용의 움직임을 보게 된다.

　　명명하고 지칭한다는 것은 **특성**이라는 양상하에서 상황 · 요소 · 대상에 특이성을 부여하는 것이다. 명명할 수 있도록 하기 위해서, 다시 말해서 담화의 대상을 특징짓도록 하기 위해서는 **특성**들을 잘 가정해야만 한다. **명명한다는 것**은 서로간에 다르거나 근접한 혹은 동일한 대상에 할당된 특성을 이용한 대상의 범주를 구분하는 것이고, 이런 사실로부터 유사성 · 유추 · 대립 등과 같은 관계들의 범주 사이에 있는 논리 배열을 설정할 수 있다. 관계들을 설정한다는 것은 그리하여 의미 작용의 세계에 대해 조작하고 있는 범주의 영향권과 행위 · 실존의 위치를 구성하는 것이고, 의미 관계를 안정시켜 놓고 결과적으로는 개념들을 각자의 자리에 설정해 놓는 것이다.

요약해 말하자면 **인지 조작 과정**이란 대조적으로 명칭·범주·특성·개념간에 있는 관계를 설정하는 데 사용될 것이며, 이것을 위해서 담화의 처음부터 인지 조작 과정은 이런 담화 배열을 구사하도록 조작할 것이다. 인지 조작 과정의 역할은 겉으로는 담화의 외부에서 차용해 오지만, 담화에 의해 구축된 대상들이나 사실·상황간의 관계를 설정하는 것이다. 개념이 있다면, 그것은 이미 대상을 구축하면서 다른 담화가 우리의 것을 선행해 나가기 때문이고, 우리의 물리적이고 사회적인 세계가 이런 담화를 참여시키는 이야기를 갖고 있기 때문이다. 이런 관점으로부터 개별 담화라는 것은 다른 담화나 영역들의 표상, 의미 작용의 영역과의 교류와 더불어 유래되는 의미의 '미시계(微視界)'에 대한 활동적인 안정화 현상으로서 간주될 수 있다. 그러므로 모든 담화 영역, 즉 대상들의 실존 공간 영역의 경계나 그런 대상들이 실현되는 영역의 경계, 그리고 그런 대상을 정당화하고 예시하게 하는 개념들의 한계를 정의하는 것은 중요하다고 할 수 있다.

6. 논리적인 관계와 담화의 조작

이와 같은 담화의 발전은 대상에서 대상으로, 특성에서 특성으로, 개념에서 개념으로의 관계 설정을 확신해 주면서 연속적인 배치 형태를 띠고 있다.

이와 같은 인지의 관계 설정은 다음 형태를 띠게 될 것이다.

—— **열리거나 닫힌**: 그것은 어떤 대상이나 상황의 탓으로 돌릴 수 있는 행위나 이해 범위·의미 공간을 개방하는 것이고, 반대 경

우는 예를 들어 설명하자면, 우리가 거부하고 있는 특성이나 상황에 관여적이지 않은 다른 대상과도 같은 것 등에 속하지 않는 것에는 닫는 것에 관련된다. 우리는 **경계**를 제기하게 될 것이고, **의미의 울타리**를 구축하게 될 것이다.

—— **확장/제약**: 그 울타리들은 존재 의미의 양식에서 결정된 것과 그렇지 않은 것과 비교해서 의미가 미치고 있는 범위에 포함될 수도 있고, 마찬가지로 포함되지 않을 수도 있다는 것을 이용할 것과, 결과라는 말로 한 개념의 판단이나 대상의 범주에 대한 판단을 확장해 줄 것을, 혹은 그 반대로 그런 형태의 대상이나 개념을 위해 선택된 것에 대립한다고 판단되는 모든 특성을 제약할 것을 허용할 것이다.

우리는 여기에서 내가 언어의 활동을 확신해 주고 있는 인지 조작, 즉 선별하고(sélectionner), 동일시하고(identifier), 안정화시키고(stabiliser), 배제하고(exclure), 통합하는(intégrer) 역할에 대해 정의내리고 있다는 것을 보게 된다. 대상이나 특성 혹은 상황 사이에 확립되는 것을 통해 담화 안에 옮겨지는 것은 가까이에서 먼 곳으로, 유사한 것에서 다른 것으로, 유추에서 대립되는 것으로, 선행하는 것에서 결과로, 변별되는 것에서 상호 보완적인 것 등과 같이 그 대상의 의미와 그 대상을 설정해 놓는 상황을 구성하면서, 다양한 형태의 **논리적 관계**를 지니게 된다. 담화에 대한 도식화 과정은 이와 같이 담화에 점진적으로 강요했던 논리적 구성을 통하여 조직되었다. 무엇보다도 담화의 해석이나 듣는 것을 인식하고, 그것의 자리 설정을 하는 데 종속되어 있는 **담화의 조작 과정**과 앞에서 정의된 언어와 인지 조작 과정이 바로 이에 해당된다. 이와 같이 **언어와 인지 조작 과정**은 항상 우리에게 그것을 구성하고 있는 담화의 조작 과정을 통하여 부여해 주고 있는데, 그 이유는 개별 담화가 그것을 구성하는 규칙의 관점으로부터 고유의 체계가 되고, 개별 담화가 항상 나름의 의미를 구축하고 있기 때문이다. 하나의 담화로부터 다른 담화로까지, 우리는 똑같은 형태의 언어와 인지 조작 과정의 형태를 보게 된다. 그것들을 다르게 해주는 것은 의미 작용을 일반적인 의미 쪽으로 전환시키게 하기 위해서 선택된 논지의 정렬과 배열의 형태이고, 그런 논지의 구성 양식(책략)인 것이다.

이와 같은 담화 조작 과정은 다음의 네 가지 형태를 띤다.

—— **선별**: 이것은 주체에 의해 선별되고, 담화의 단계나 전환에 의해 표시된 담화의 주요 대상들(행위자·주인공·상황·과정·영역)과 관계가 된다.

—— **결정**: 결정은 이렇게 선별된 대상에 개입하게 되지만, 그런 선별을 담화 대상에 할당된 특성(위치 결정, 시공간의 존재, 외적 상황과 비교한 기재 사항)이란 형태하에 구축하게 될 것이다.

—— **수식**: 이런 대상들(이전에 선별되거나 결정한 것을 설명하면서 존재나 이해력이 미치는 범위의 양태)에 특성을 부여하는 모든 형태를 말한다. 어떤 대상들에게 있어서 자연스럽고, 분리될 수 없는 것으로서 담화에 의해 서술되고 있는 몇 가지 연속된 특성은, 그 대상들이 자신들의 주제화를 확언해 줄 것을 이전에 주제화했을 만큼이나 가능케 하는 것이다.

—— **판단**: 판단은 이전에 진척되었던 것의 결과나 뒤이어 일어난 선행 현상의 결과에 의해서, 담화의 국부적인 코스라는 용어에서 만큼이나 그 기원에 개입하게 될 것이다. 그 판단은 어떤 면에서는 광의(廣義)적이고, 어떤 면에서는 집약적인 것에 한 대상

의 특성을 모으거나 그 특성을 이와 같이 대상의 전체적인 결정에 기여하게 하면서 원리라는 형태하에 일반성을 겨냥하도록 한다. 이와 같은 담화 조작 과정은 담화를 만드는 사람에게 있어서는 자신이 선별했던 개념을 결정하는 것에 따라서, 그리고 이와 같이 자신의 담화 상황에 확장된 것을 보고자 하는 판단은 타인에게서 추론하는 특성들을 삽입하는 것에 따라서, 혹은 담화를 듣는 사람에게 있어서는 대상에 대한 특성이나 판단과 같이, 자신에게 제의된 것으로부터 추론하는 것이 합당해 보인다고 생각하는 형태 개념들을 이해하는 것과 관련되는 것에 따라서 서로를 이용하게 된다.

이제는 필자가 지금까지 묘사했던 조작 형태의 도식이 **관계들의 사실발견법**, 즉 담화를 배열하는 **규칙의 형상**으로 기능할 것이라고 생각할 수 있다. 이와 같은 사실발견법은 하나의 영역이나 상황, 혹은 사실들이나 개념들에 적용될 수 있는 **해독-해석의 책략**으로 옮겨질 수 있을 것이다. 더 상세히 말하자면 사실발견법은 영역들의 구성을 통하여 나타나고, 해석적인 책략은 의미 작용의 구성을 명한다. 그러므로 우리는 담화에서의 내적인 책략이라는 용어로 말해질 수 있는 국부적 논리 앞에 있게 될 것이다. 이런 책략은 주체가 의미 작용의 영역을 설정하기 위해서 필요하다고 판단하는 개념 구성에 담화를 통하여 적용되는 특성·결정·판단에서 배열되는 모습을 취하게 될 것이다.

ⅥI

논지의 분류

  이와 같은 분석은 네 가지의 각기 다른 단계로 조작되지만, 마지막 도식에서는 상호 협력하는 모습을 띠고 있다.

  첫번째 단계. 논지의 인정: 담화의 대상이나 그 대상에 가져다 주는 명시성과 존재의 양태, 그리고 그것을 연결해 주는 판단 형태의 경계를 획정하는 것.

  두번째 단계. 이와 같은 논지의 논리: 그것의 구성 형태나 다른 것과 비교한 대질 양태의 특성화와 같은 식의 단계가 있다.

  세번째 단계. 담화의 사고 문법: 그렇게 해서 의미 영역으로 구성되고, 구성되지 않은 대상-개념들이 있다.

  네번째 단계. 주체의 책략: 대단히 의미 있게 담화 안에서 설정되고, 주체에 의해 선택된 조작 과정의 연쇄 양식이나 배열을 실질적으로 그려내도록 해주는 과정들이다.

  이런 도식을 반영하기 위해서, 나는 프로이트와 자네[1]간에 벌어진 역사적인 논쟁을 예로 들 것이다: 그것은 이중적으로 흥미로운 것인데, 하나는 시간 속에서 전개되는 변증법적 투쟁과 같아 보이는 논쟁과 관계되고, 다른 하나는 인식 체계만큼이나 개인적인 표상에 토대를 둔 여러 가지 논증 형태에 근거를 둔 논쟁과 관련된 것이다. 나는 연대기적인 단계를 통해서 나타난 이 두 사람간의 논쟁을 묘사하고 분석해 볼 것이다.

1. 역사적 서언

프로이트는 1885년 10월부터 1886년 2월까지 장 마르탱 샤르코 교수가 일하고 있는 살페트리에르[2] 병원에서 연수를 했다. 프로이트는 그 병원에서 아브르[3]에서 자신의 첫번째 최면 상태에 대한 실험을 시작한 자네를 만날 수 없었으며, 1889년이 되어서야 살페트리에르에 있는 병원으로 일하러 오게 된다. 그럼에도 불구하고 하나의 가설이 퍼지게 되었는데, 그 가설에 의하면 그들은 서로 만났었고, 1923년에 《심리학적 약물 치료》에서는 다음과 같이 자네를 널리 알리게 했다: "이 시기에, 외국인 의사 프로이트는 (빈으로부터) 살페트리에르에 왔고, 다음과 같은 연구에 관심을 가졌다: 그는 사실의 실체를 확인했으며, 같은 장르에 대해 여러 가지 새로운 진단 소견을 발간했다. 이 저서에서 프로이트는 무엇보다도 내가 사용했던 용어들을 바꾸었고, 내가 심리학적 분석이라고 불렀던 것을 심리 분석이라고 불렀으며, 내가 의식이나 동작의 전체적인 사실을 지칭하기 위해 심리학적 분석을 명명했던 것을 콤플렉스라 불렀으며, 외상성의 기억을 구성하기 위해 연결되어 있는 사지든 내장이든간에, 내가 의식의 편협함에 연관시켰던 것을 억압이라 불렀고, 내가 심리적인 분열이나 도덕적 소독으로 지칭했던 것을 카타르시스란 용어로 말하게 되었다. 하지만 무엇보다도 프로이트는 상세하고 한정된 지시의 임상 진단과 처방을 의학 철학이라는 엄청난 체계로 변화시켰다."

우리는 인용되고 있는 한 구절에서 다음과 같은 조작 과정이 사용되고 있음을 확인할 수 있다.

—— **위치 결정**: 프로이트는 살페트리에르에 와서 나를 만났으며, 나의 이론과 연구 작업을 알게 되었다.

—— **한정**: 내가 발견했고 이름을 붙였던 모든 것을, 프로이트는 다른 것과는 문제시하지 않고 다시 이름을 붙였다.

—— **판단**: 나는 내 나름의 영역을 구축했고, 프로이트는 내가 발견했던 것을 다르게 명명하면서 단순히 남의 영역의 것을 자기 것으로 만들었다.

—— **개념**: 프로이트는 단지 남의 것을 가로채고 사칭하고 있는 사람에 불과하다. 나는 약탈당했으며, 프로이트는 새로운 것을 창안해 낸 사람이 절대 아니다.

2· 상 황

오늘날 모든 과학의 역사가들은 한쪽에서는 자네에 의해서, 다른 한쪽에서는 프로이트에 의해서 발달된 체계가 서로간에 타협을 하지 않고 있다고 주장한다. 자네에 의해 인정되고 있는 **무의식**(subconscient)은, 프로이트에 의해 **무의식**(inconscient)으로 묘사되고 있는 것과는 완전히 다른 것이다. 하지만 이 둘간의 근본적인 차이점은 '의식 영역의 협착'에 대한 설명이 되고, 자네에 의해서는 버려진 고정 관념의 초기에 망각된 '외상적 사건'을 탐구하려던 것이 프로이트의 중심적 관심사인 성적 병인론을 지탱시켜 주고 있다는 데서 비롯된다. 마찬가지로 정신이 몽롱한 상태하에

인과적인 사건의 다른 표상을 암시하려는 자네의 치료법과, 환자에 의해 자신의 과거를 재구성하려는 과정에 토대를 두고 있는 프로이트의 정신분석학간에는 어떤 관계도 없다.

3. 논쟁의 연대기적 재구성

첫번째 단계. 자네가 그의 첫번째 연구 작업을 히스테리[4]에 대해 발전시켰던 반면에, 프로이트는 요제프 브로이어로 하여금 10년 전에 치료했던 안나 O.의 치료법을 발간하도록 압력을 넣었다. 이와 같이 1893년의 《서언적 대화》는 1895년에 출간된 프로이트의 《히스테리에 대한 연구》를 앞선 것이다. 프로이트는 빌헬름 플리에스[5]에게 다음과 같이 쓰고 있다: "파리에서 히스테리에 관한 우리의 연구 작업은 결국 자네의 관심을 끌게 되었다."[6]

자네는 자신의 입장에 관해서는 다음과 같이 쓰고 있다: "하지만 내가 예전에 했던 연구를 확증해 주었던 가장 중요한 작업은 이론의 여지없이 최근에 《신경학의 중앙 신문》에 발표된 브로이어와 프로이트의 기사이다. 나는 이 학자들이 그들 나름의 독자적인 연구에서 상당히 정확성을 가지고 나의 것을 확인할 수 있었다는 것에 대해 아주 만족해하고 있으며, 그들의 친절한 인용[7]에 감사를 드릴 뿐이다."

이 과정에서 다음과 같은 조작 과정이 사용된다.

—— **영역**: 평행선상에서 추구되고 있는 두 가지 연구 유형.

—— **개념**: 적절한 과학적 대조.

두번째 단계. 1898년에 프로이트는 플리에스에게 다음과 같은 내용의 편지를 보냈다: "나는 심장이 고동침을 느끼면서 히스테리와 고정 관념에 대해 자네가 새로 썼던 책을 열어 봤지만, 그 책을 놓으면서 나의 맥박은 다시 정상이 되었다. 그는 문제의 핵심이 무엇인지를 의심하지 않고 있다."[8] 그 이후로 프로이트는 자네의 가설을 거절하는 데 더 이상 주저하지 않게 된다.

이 과정에서 다음과 같은 조작 과정이 사용되고 있다.

—— 위치 결정: 그가 있다/내가 있다.

—— 영역: 프로이트의 개념과 자네의 개념간에 견고한 경계의 설정.

—— 판단: 나는 옳다/그는 틀렸다.

세번째 단계. 1907년 암스테르담 회의 때 자네와 함께 상반된 발언에 대해 주위의 관심을 끌었던 프로이트는 의견 개진을 회피하고, 자신을 나타내야만 하는 융에게 다음과 같이 편지를 쓴다: "분명히 자네와 나 사이에는 주목을 받고 있는 논쟁이 있지만, 나는 고귀한 천민들 앞에서 검투사 시합하는 것을 증오하고, 나의 경험에 대해 발언하는 무책임한 군중을 놔두도록 결심하는 것이 상당히 어려웠다."

그는 "프랑스인들에게 장애물은 근본적으로 국가적 속성에 있는 것이 틀림없다. 프랑스를 향해 사상이 흘러 들어가는 것은 언제나 어려움을 내포하고 있었다. 자네는 지적인 날카로움이 있긴 하지만, 성(性)이란 개념 없이 출발을 했고, 현재로서는 그것에 대해 더 이상 진척해 나갈 여지가 없다. 사람들은 과학에서 뒤로 후퇴하는 일이 없다는 것을 알고 있다."[9] 라고 덧붙이고 있다.

이런 과정들에서 다음과 같은 조작 과정이 사용되었다.

── **결정**: 자네는 지적이지만, 성(性)을 고려하지 않고 있다.

── **개념**: 과학에서는 뒤로 후퇴하는 일이란 없다.

── **판단**: 자네로서는 너무 늦었다.

네번째 단계. 자네는 자신의 입장을 고수하고, "1895년에 히스테리에 관한 브로이어와 프로이트의 첫번째 연구 작업은, 내 생각에는 15년 동안에 최면술(초현실주의의)이나 자동기술법을 이용하여 히스테리 환자들의 정신 상태를 분석했었던 프랑스 의학 연구에 흥미 있는 공헌을 하고 있다"라고 쓰고 있다.

프로이트가 잘못된 결론을 끌어냈다고 생각하면서, 자네는 "몇몇 히스테리에 걸린 사람들에게서 에로틱한 차원의 고정 관념을 관찰하는 사람을 모두 알고는 있지만, 히스테리에 대한 일반적인 이론을 구축하기 위해서는 이와 같이 몇 가지 경우에는 의존할 필요가 없을 것이다"[10]라고 덧붙이고 있다.

이 과정에서 다음과 같은 조작 과정이 사용되었다.

── **위치 결정**: 에로틱한 차원에 있는 히스테리 환자와 같은 경우가 거기에 있다.

── **판단**: 사람들은 이와 같이 몇 가지 경우로부터 성에 토대를 둔 일반 이론을 구축하지 않는다.

── **판단**: 프로이트는 '잘못된 길'을 만들었다.

다섯번째 단계. 두번째 공개적인 논쟁은 어니스트 존스가 프로이트[11]를 대리하고, 자네가 스위스의 정신분석학자인 라담의 비방을 인용할 때까지 가게 된 1913년의 런던 회의 때 발생하게 된

다: "빈에서 구성원들에 대해 유행병처럼 지배하고 있는 일종의 천재적이고 지역적인 악마와도 같이 성에 대한 특별한 분위기가 있다. 그리고 이런 분위기에서 관찰자는 숙명적으로 성에 관련된 질문에다가 예외적인 중요성을 일치시키려고 한다."[12]

이런 과정에서 다음과 같은 조작 과정이 사용되었다.

—— **결정**: 빈에서 '지역적 악마'는 성에다 지나친 중요성을 일치시킬 것을 재촉한다.

—— **판단**: 프로이트는 빈식 유행의 희생자이다.

자네는 "심리 분석이 특히 철학자들에게 제시되었다면 아마도 흥미 있는 철학이 되겠지만, 불행하게도 심리 분석은 동시에 의학이 되고자 했으며, 환자의 진단이나 처방에 적용된다고 주장하고 있다. 바로 여기에 우리가 프로이트 연구에서 만나게 되었던 모든 어려움과 오해의 진정한 근원이 있는 것이다"[13]라고 하였다.

이런 과정들에서 다음과 같은 조작 과정이 사용되었다.

—— **위치 결정**: 심리 분석은 의학 진단이기를 열망한다.

—— **결정**: 심리 분석은 철학에 불과할 따름이다.

—— **판단**: 심리 분석은 비과학적이다.

여섯번째 단계. 프로이트는 그의 저서 《정신분석학 운동의 역사》에서 1914년의 상황을 요약하고 있다. **정신분석학 역사의 공헌**: "모든 유럽 국가 중에서 프랑스는 현재까지 정신분석학에서 가장 둔감하다는 것을 보여 주었다……. 우리 모두는 빈식 분위기의 특별한 조건을 통해서 정신분석학을 설명하려는 이론에 대해 말하는 것을 들었다. 자네의 흥미 있는 이론은 그가 확실히 파리 시민이라는 것에 대해 자랑스러워하고, 풍속의 순수성에서 보자면 파리가 빈보다 더 최상으로 생각될 권리가 전혀 없다고 할지라도, 1913년 당시에는 여전히 그와 같은 상황을 이용하고 있었다."[14]

프랑스에서 정신분석학을 도입한 사람으로 간주되고 있는 레지와 앙젤로 에나르는 정신분석학에 관한 첫번째 프랑스 책을 1914년에 쓰고 있는데, 그 내용은 다음과 같다: "프로이트의 방법과 개념은 끊임없이 영향을 받고 있는 듯이 보이는 자네의 방법과 개념을 모방하고 있다. 정신분석학에서 자네에 의해 사용되었던 심리학의 분석 단어가 급변된 것은 샤르코의 두 학생들에게 공통된 방법에서는 전혀 변함이 없었다."[15]

이 과정에서 다음과 같은 조작 과정이 사용되었다.

—— **위치 결정**: 프로이트의 방법은 자네의 방법을 모방하였다.
—— **결정**: 샤르코의 두 학생 모두가 그렇다.
—— **판단**: 프로이트는 자네를 그대로 모방했다.

일곱번째 단계. 제1차 세계대전 이후, 1920년대에 정신분석학이 유행하고 있는데도 불구하고 독일 학자가 프랑스 교수가 발견한 것을 그대로 복사했을 것이라는 징후가 남아 있다. 1924년에 앙젤로 에나르는 벨기에 잡지《녹색 원판》에서 "심리학적 분석은 물론 프로이트에 의해 창안된 것은 아니었다. 그것은 자네 작품 전체에 영향을 주었던 우리들에게서 나온 것이다. 하지만 콜레주 드 프랑스의 거장——그의 가설은 프랑스에서는 프로이트의 가설을 믿는 것보다 더 흡사하고, 어떤 것은 그보다 나중에 나오며, 그의 가설로부터 파생되기도 하였다——은 프로이트의 신비적이며 경솔한 행동을 지닐 수가 없었다"[16]라고 쓰고 있다.

이 과정에서 다음의 조작 과정이 사용되었다.

—— **위치 결정**: 자네에 의해 창안된 심리학적 분석.

—— **결정**: 프로이트의 분석은 더 나중에 나온 것이고, 자네로부터 파생된 것이다.

—— **판단**: 자네는 과학자이고, 프로이트는 신비주의자이다.

여덟번째 단계. 1925년에 프로이트는 위와 같은 판단에 대해 다음과 같이 반대 입장을 표현하고 있다: "내가 이것을 쓰고 있는 시간에, 나는 정신분석학의 수용에 반대하는 격렬한 대립을 증명해 보이고, 가장 잘못됐다는 것을 핑계삼아 프랑스학파와 나의 관계를 제시해 주는 이루 헤아릴 수 없는 기사와 신문의 오려진 면을 프랑스로부터 받았다. 예를 들어 내가 파리에 머물고 있는 것은 자네의 가설과 익숙해지기 위해 이용하고 있다는 내용을 읽었으며, 또한 내가 표절했던 것을 가지고 도망했다는 기사를 읽을 수도 있었다. 바로 그런 이유로 해서, 내가 살페트리에르에 머무르는 동안은 자네 이름에 대해서 언급조차 하지 않았다는 것을 단호하게 말하고자 한다……

나의 연구 발표는 정신분석학이 역사적인 관점에서 보면 자네의 내용과는 빗나가는 면이 있고, 그 내용의 이해력이 미치는 범위에서는 더 폭넓게 자리잡고 있기 때문에, 자네가 생각하고 있는 것과는 별개라는 사실을 반드시 독자들에게 보여 줄 수 있었다. 자네의 연구 작업은 실제로 정신에 대해 어떤 중요성을 지니고 있는 정신분석학을 표현하거나, 가장 폭넓은 관심을 갖게 만든 결과를 결코 도출해 내지 못한다. 나는 항상 자네가 발견한 것이 상당히 오랜 기간 동안 이전에 만들어졌던 것이고, 훗날 발간된 브로이어의 발견과 유사하다고 생각했기 때문에 존경스럽다고 생각했었다. 하지만 정신분석학이 프랑스에서도 논의 대상이 되었을 때, 자네는 제대로 처신하지 못했으며, 자신의 역량을 별로 드러내지 못했고, 그다지 좋은 논지를 제공해 주지 못하고 있었다. 결국 자네는 내 눈에 드러나게 되었고, 그가 심리 행위인 '무의식 세계'에 대해 말을 할 때, 그것을 통해서는 아무것도 말하고자 하는 것을 말하지 못했고, 단지 말하는 방법에 불과했다는 것을 알리면서 자신의 작품을 평가 절하했다."[17]

이런 과정에서 다음과 같은 조작 과정이 사용되었다.

—— **위치 결정**: 내가 살페트리에르에서 머무르고 있을 때, 사람들은 자네에 대해서는 언급조차 하지 않았다.

—— **결정 1**: 정신분석학은 자네의 연구 작업과는 별도의 연구 분야이다.

—— **판단 1**: 정신분석학에서의 중요한 발견은 자네의 작업에서 파생될 수는 없을 것이다.

—— **위치 결정 2**: 자네는 잘못 처신했다.

—— **결정 2**: 그는 자신의 작품을 평가 절하했다.

—— **판단 2**: 자네는 분별 없는 사람이다.

아홉번째이자 마지막 단계. 1937년에 파리 정신분석학협회 창립자 가운데 한 명이고 자네의 사위인 에두아르 피숑은, 빈을 여행할 때 자네를 영접하려고 프로이트 주변에서 활동하고 있는 마리 보나파르트 공작 부인을 빼내려고 했다. 프로이트는 81세이지만, 그가 품고 있는 앙심은 여전히 변하지 않고 있다는 사실이 다음에서 잘 나타나고 있다: "아니오. 나는 자네를 보지 않을 것이오. 나는 정신분석학에 대해, 그리고 개인적으로는 나에 대해 불합리한

쪽으로 몰아가고 있으며, 이 문제를 고치기 위해 결코 어떤 것도 하지 않는 자네를 비난하지 않을 수 없었다오. 그는 신경증의 성적 병인론에 대한 생각이 빈과 같은 도시 분위기에서만 생길 수 있었다는 것을 말하기에는 너무도 어리석은 사람이었소……. 당신은 그가 무의식 세계란 말이 '말하는 방법'이란 주장을 한 이후에, 그의 과학적 수준에 대한 생각을 할 수 있소. 아니오. 나는 그를 볼 수가 없을 것이오. 나는 내가 건강이 좋지 않다는 구실로, 그리고 그가 확실히 단 한 마디의 독일어도 알지 못하기 때문에 내가 프랑스어를 구사해야 하지만 표현할 수 없다는 구실로 이와 같은 무례함을 너그럽게 봐줄 것을 우선적으로 생각해 보았소. 하지만 나는 그렇게 하지 않겠다고 결심했소. 나는 자네를 위해 희생할 어떤 이유도 없소. 정직성만이 가능한 것이고, 무례함은 완전히 수용 가능한 것이오."[18]

이 과정에서 다음의 조작 과정이 사용되었다.

—— 위치 결정: 자네는 정직하지가 않다.

—— 결정: 자네는 어리석음을 말했다.

—— 판단: 그는 시시한 이야기를 종결지을 수 있었을 텐데 하지 못했다.

—— 개념: 정직성이 무엇보다 중요하고, 무례함은 별로 중요하지 않다.

1893년에서 1937년까지 드러난 이 아홉 단계의 논지를 교환해 보는 것은 다음과 같이 일반적인 도식으로 요약된다.

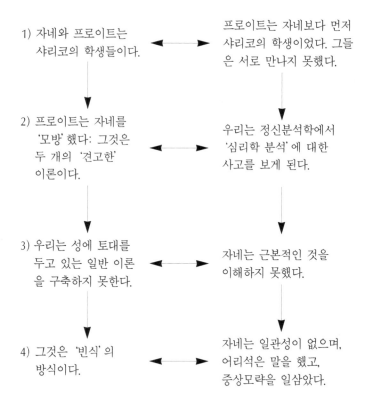

1) 자네와 프로이트는 샤리코의 학생들이다. ◄──► 프로이트는 자네보다 먼저 샤리코의 학생이었다. 그들은 서로 만나지 못했다.

2) 프로이트는 자네를 '모방' 했다: 그것은 두 개의 '견고한' 이론이다. ◄──► 우리는 정신분석학에서 '심리학 분석' 에 대한 사고를 보게 된다.

3) 우리는 성에 토대를 두고 있는 일반 이론을 구축하지 못한다. ◄──► 자네는 근본적인 것을 이해하지 못했다.

4) 그것은 '빈식' 의 방식이다. ◄──► 자네는 일관성이 없으며, 어리석은 말을 했고, 중상모략을 일삼았다.

결 론

　논증만큼이나 복잡하고 거대한 주제에 대해 결론짓는 것이 가능하다고 할 수 있겠는가? 분명한 것은 그렇지 않다는 것이다. 나를 앞서갔던 모든 사람들과, 더욱 존경받을 만한 가치가 있는 그 사람들의 작품은 이런 문제에 대해 상당히 경계를 하였다. 그럼에도 불구하고 실행할 것이 강요되었으며, 그것은 이 주제에 대해 내가 구상했던 것을 마지막으로 명시하기 위한 것일 터이다. 일반적으로 받아들여지고 있는 생각들과는 달리 논증은 개인이나 군중을 설득하려는 예술로도, 조작하려는 예술로도 말해지지 않으며, 또한 일상적인 진리를 보여 주려는 예술로도 함축되지 않는다. 그 논증이란 것은 또한 모든 것, 혹은 아무것이나 증명해 보이려고 하는 기술적 총체로 요약되는 것이 아니다. 논증은 그 모든 것이고, 그보다 더 단순한 것이다. 논증은 본질적이고 특별하며, 개인적으로는 우리 자신의 사고를 조절하고, 사고에 표현을 맞추고, 우리 지식을 구축하며, 특히 그 지식을 더 잘 전달하기 위해서 우리 자신의 담화를 조직하는 거대한 예술이라는 사실을 보여 주고자 했다.

　우리 자신은 이런 사실에 대해서 잘 알고 있다. 논지한다는 것은 말을 하고 담화하는 것이다. 설득하고 납득시킨다는 것은 행동하고, 강요하고, 자신을 인정하는 것이다. 말하는 것(dire)은 '옳고' '옳게 하는' 것이다. 추론은 '논리적'이고 '논리적이도록' 하게 하는 것이다. 게다가 논리적이기 때문에 추론은 이해하기 쉬운 것이 된다. 왜냐하면 이해한다는 것은 '보는' 것이고, 드러내는 것이며, 보도록 해주는 것이고, 어렴풋이 느끼는 것을 말해 주기 때문이다. 그러므로 "이것은 의미를 갖게 한다" 혹은 "의미를 가지고 있다"라는 의미가 있게 된다. 말을 하는 것(parler)은 이야기하고, 논변하는 것이며, 그것은 결과적으로 의미를 보여 주고, 지칭하는 것이며, 하나 혹은 여러 가지의 의미 작용이 존재하게 한다. 우리가 언어와 존재, 언어와 사고간의 관계가 어떤지를 알지 못함에도 불구하고 그것들간에는 분명한 관계가 있다. 논지하고 말을 한다는 것은 그러므로 사물이나 존재들·상황·시공간을 동일시하는 것이며, 그와 같은 것들을 판단해 내고 제의하며, 증명해 보이도록 이끌어 나가는 것이다. 그런데도 그것들을 설명한다는 것은 설명되는 것이다. 알아본다는 것은 갈피를 잡는다는 것을 말하고, 단언한다는 것은 자신의 존재를 뚜렷이 드러내는 것이고, 논지한다는 것은 분명해지고, 자신의 생각을 따르고, 읽어낼 수 있고, 자신의 모습을 보는 것이다.

논지와 담화는 논리 이면에 있는 논리를 요구하기 위해서 이해된다. 하지만 문제는 **술책을 쓰는** 것이다. 선택되고, 물려받고, 강요되는 단어의 힘에 따라 모든 것은 달라질 수 있다. 의미나 의미들의 전개는 해석이나 상황·존재들에 대해 담화를 정지시키는 **공증된 행위**를 의미한다. 그러므로 모든 논증의 기본적 공증 행위는 다음의 배열과 구성·여정을 확립하게 된다.

—— 이해해야 하고, 말을 해야만 하는 것을 조절하려는 **법규들**.

—— 지식의 도구와 같이 담화의 구성을 목적으로 하고 있기 때문에, 주체의 인지 활동을 표현하고 있는 언어(langue)로부터 언능(langage)을 구성하려는 조작 과정.

—— 그와 같은 언어의 조작 과정이나 사고의 규칙 형태, 담화에서의 실행을 확신해 줄 규칙들.

—— 세계의 실체에 적용된 탐지라는 용어에서 담화에 의해 정의된 의미의 경계를 타인에게 이해시키고, 동조하게 하거나 하지 않게 하며, 수용하거나 수용하지 않은 것을 인지적으로 허용하게 하는 지표들.

이런 것들로부터 담화를 작용하게 하고, 논지하는 분야가 나오게 되는 것이다.

원 주

■ 서 론: 논증이란 문제로의 중대한 복귀

1) B. Hongre, C. Eterstein, M. Joyeux et A. Lesot, 《논증의 텍스트 *Le Texte argumentatif*》, Paris, Éd. Hatier, 〈대학 입학 자격 고사 실행의 윤곽 Profil Les Pratiques du bac〉 총서, 1998, p.427-428.

2) 《수사학과 철학 *Rhétorique et Philosophie*》, Paris, Éd. PUF, 1952.

3) Bruxelles, Éd. Lamertin, 1934.

4) Perelman Ch., 《정의와 이성 *Justice et Raison*》, Presses Universitaires de Bruxelles, 1963, p.15.

▌ I 논증의 개요: 새로운 수사학

1) 주어진 시대의 일반공리란 말이 담고 있는 것은 상당수의 허용된 생각을 내세우면서나, 관찰된 역사적 순간의 논쟁을 특징지우면서 그 시대를 지배하고 있는 질문 형태나 담화 형태를 말하고자 하는 것이다.

2) Koyré A., 《과학적 사고의 역사 연구 *Études d'histoire de la pensée scientifique*》, Paris, Éd. PUF, 1966.

3) Gonseth F., 《수학과 실체 *Les Mathématiques et la réalité*》, Paris, Éd. Alcan, 1936.

4) Perelman Ch., 《논증의 개요 *Traité de l'argumentation*》, Paris, Éd. PUF, p.89-112.

▌ II 초기 수사학

1) 기원전 478-466년 시라쿠사 참주. (역주)

2) 기원전 491-478년 겔라와 시라쿠사 참주. (역주)

3) 이탈리아의 시칠리아 섬 동쪽에 있는 항구 도시. (역주)

4) 이탈리아의 시칠리아 섬 남쪽에 있는 도시. (역주)

5) Aristote, 《수사학에 관하여 *La Rhétorique*》, Ch. E. Ruelle의 번역, Paris, Éd. Le Livre de Poche, 1993.

6) Trivium은 중세 대학의 일곱 과목 중 문법 · 수학 · 논리학을 일컫는 세 과목

을 말한다. (역주)

7) 프랑스의 철학자이자 신학자이다. (역주)

8) 아벨라르와 대립 관계에 있던 프랑스의 철학자이자 신학자이다. (역주)

9) 프랑스 파리의 남서쪽에 위치한 도시. (역주)

10) 프랑스어로는 각각 'La femme est une rose'와 'Le chameau, ce vaisseau du désert'에 해당한다. (역주)

11) Jakobson, R., 《일반언어학 개요 Essais de linguistique générale》, Éd. de Minuit, t. I, 1963; t. II, 1973.

III 거대한 논지의 망

1) B. Sève의 〈파스칼에게 있어서 반대 명제와 동일 명제 Antithèse et isothénie chez Pascal〉, in A. Boyer et G. Vignaux(éds.), 《헤르메스 Hermès》, Paris, CNRS, 1995, t. I, n° 15, p.105-118.

2) Aristote, 《토피카 Topiques》, I, 12, 105 a 10-19.

3) 고대 로마의 정치가이자 문인. (역주)

4) Port-Royal은 1650-1850년경에, 프랑스에서 합리주의 언어 이론으로 된 언어에 대한 보편적 원리와 합리적 설명 방식을 추구한 문법학자이자 논리학자들을 일컫는다. (역주)

5) Aristote, 《토피카 Topiques》, op. cit., p.178.

6) A. Boyer, 〈그것은 두말할 필요가 없다. 생략삼단논법의 찬사 Cela va sans le dire. Éloge de l'enthymème〉, in A. Boyer et G. Vignaux(éds.), 《헤르메스 Hermès》, op. cit., p.73-90.

7) topique는 상투적 표현이나 주장의 분류에 대한 일반 이론을 지칭한다. (역주)

8) 총합문은 여러 개의 節이 조화를 이루며 구성된 장문을 일컫는다. (역주)

9) 엘레아 학파의 그리스 철학자이다. 플라톤조차도 그를 위대한 성인으로 지칭했으며, 오늘날 존재론의 창시자이기도 하다. (역주)

IV 논증의 논리

1) Pascal B., 《기하학의 정신: 설득하려는 예술에 대해서 L'Esprit de la géométrie: de l'art de persuader》, in 《전집 Œuvres complètes》, Paris, Éd. Gallimard, coll. 〈Bibliothèque de la Pléiade〉, 1954.

2) Aristote, 《토피카 Topiques》, op. cit., I, 4.

3) Aristote, 《분석론 전서 Premiers Analytiques》, Paris, Éd. Vrin, 1962, I, 1, 24 b 15.

4) D. Bourg, "속성에 대한 생각은 본보기가 된다. 풀이나 나무·꽃·하늘·구름의 개념과는 달리, 속성에 대한 생각은 어떤 개별적 실체도 우리에게 나타내 보이지 않는다." 《속성과 기술 *Nature et Technique*》, Paris, Éd. Hatier, 〈시각의 철학 *Optiques Philosophie*〉 총서, 1997, p.33.

5) Woods J. et Walton D., 《논증의 비판. 일상의 궤변논리학 *Critique de l'argumentation. Logiques des sophismes ordinaire*》, Paris, Éd. Kimé, 1992.

6) Paris, Éd. Hermann, 1966.

7) Blanché R., 《추론 *Le Raisonnement*》, Paris, Éd. PUF, 1973, p.137.

8) 《과학과 방법 *Science et Méthode*》, Paris, Éd. Flammarion, 1908.

9) 《실험의학의 연구에 관한 소개 *Introduction à la médecine expérimentale*》, Paris, Éd. Flammarion, 1966.

10) 《살아 있는 논리학 *La Logique du vivant*》, Éd. Gallimard, 1970, p.27.

11) Aristote, 《토피카 *Topiques*》, *op. cit.*, A, 108 a.

12) 《사고한다는 것, 분류한다는 것 *Penser, Classer*》, Paris, Éd. Hachette, 1985, p.164.

13) 《논리와 언어 *Logique et Langage*》, Paris-Gap, Éd. Ophrys, 1990, p.71.

14) Vignaux G., 《담화, 세계의 주체. 발화, 논증과 인지 *Le Discours, acteur du monde. Énonciation, argumentation et cognition*》, Paris-Gap, Éd. Ophrys, 1988, p.113.

Ⅴ 담화 행위들

1) J. Largeault, 《명목론에 대한 조사 *Enquête sur le nominalisme*》, Paris/Louvain, Éd. Nauwelaerts, 1971.

2) J. Locke, 《인간 오성론 *Essai sur l'entendement humain*》, 1690: 《오성의 구성에 대해서 *De la conduite de l'entendement*》, Y. Michaud의 번역, Éd. Vrin, 1975.

3) 《일반언어학 강의 *Cours de linguistique générale*》(1915), Paris, Éd. Payot, 1960.

4) 《어떻게 말로써 행위하는가 *How to do Things with Words*》, Oxford University Press: *Quand dire c'est faire*, Paris, Éd. Seuil, 1970.

5) V. Goldschmidt, 《스토아학파 체계와 시간의 관념 *Le Système stoïcien et l'idée de temps*》, Paris, Éd. Vrin, 1977.

6) 《小로베르. 프랑스어의 알파벳과 유사성에 관한 사전 *Le Petit Robert. Dictionnaire alphabétique et analogique de la langue française*》(1970).

1) A. de Mijolla, 〈프로이트와 자네 Freud et Janet〉, 《과학과 생명학紙 Les Cahiers de Science et Vie》, 1994년 8월, n° 22, p.80-82.

2) 원래는 파리에 있었던 가루 제작 공장이었지만 1656년에 일반 병원이 들어서면서, 1780년부터 본격적으로 정신병 환자들을 수용하게 된 곳이다. (역주)

3) 프랑스의 대서양 쪽에 위치해 있는 노르망디 지방의 도시. (역주)

4) Janet P., 《히스테리의 정신 상태 L'État mental des hystériques》(1894).

5) 독일의 이비인후과 의사이며 프로이트의 친구이다. 그가 프로이트와 서신을 주고받은 내용은 프로이트의 연대기를 살펴보는 데 중요한 자료이다. (역주)

6) 1893년 7월 10일 서한, in S. Freud, 《정신분석학의 탄생 La Naissance de la psychanalyse》, Éd. PUF, 1996, p.70.

7) A. de Mijolla에 의해 인용된 art. cit.

8) 1898년 3월 10일 서한, in S. Freud, 《정신분석학의 탄생》, op. cit., p.219.

9) 1898년 2월 9일 서한, ibid., p.217.

10) Janet P., 《신경증과 고정 관념 Névroses et idées fixes》(1898).

11) 1913년 8월 8일의 E. Jones 서한, in S. Freud- E. Jones, 《교신 Correspondance》, Paris, Éd. PUF, 1998, p.272-273.

12) A. de Mijolla에 의해 인용된 art. cit.

13) ibid.

14) S. Freud, 《정신분석학 운동의 역사에 대하여 Sur l'histoire du mourement psychanalytique》, Paris, Éd. Gallimard, 1991, p.59-60.

15) Régis E. et Hesnard A., 《신경증과 강박 관념의 심리 분석 La psycho-analyse des névroses et des psychoses》, Paris, Éd. Alcan, 1922, p.4.

16) A. de Mijolla에 의해 인용된 art. cit.

17) ibid.

18) ibid.

역자 후기

　최근에 들어 우리 학계에서 뿐만 아니라 유럽을 중심으로 꾸준히 논증의 중요성이 부각되고 있다. 그것은 20세기를 주도했던 소쉬르나 형식주의의 대표격인 촘스키식의 언어학에서 면밀히 검토되지 못했던 것을 다시금 환기시키고, 고대로부터 오늘날까지 우리 인간의 일상에서 중요한 역할을 해왔던 것으로의 복귀를 알려 주는 것이다. 그렇다고 논증의 문제가 현대 언어 이론과 별개의 것으로 간주된다고 생각하지는 않는다. 그것은 바꾸어 말하자면, 이들간에는 상호간에 영향을 주고받는 끊임없는 불가분의 관계가 존재한다. 현대 언어학도 몇몇 학자들의 두뇌로부터 완전히 갖추어진 상태에서 나온 것이 아니라 꾸준히 다듬어져 왔으며, 또 오늘날에는 그리스·라틴 이래로 오랜 역사를 계승한 여러 개념들이나 착상들에서 다듬어져 왔다. 그러므로 언어 활동이, 과학사를 연구했던 토마스 쿤의 의미에서 혁명적 단절이나 과학사에서와 같은 '혁명'의 개념식으로 정의내려진다는 것은 순진한 생각일 것이다.

　이런 의미에서 전통에 대한 연구를 다시금 상기해 보는 것은 중요할 것이다. 실제로 오늘날과 같은 정보화 시대에서도 말한다는 것, 추론하는 것, 논증하는 것은 어느 때보다도 중요성을 부여받고 있다. 그 말한다는 것, 즉 이야기하는 것이 논증하는 것을 의미한다면, 그 문제는 이미 고대로부터 끊임없이 제기되어 온 사고와 조작으로서 논리의 문제, 혹은 수사학적 문제로부터 기인될 것이다. 그만큼 논증의 문제는 과거 정치·경제·교육에 있어서 우리 인간에게 엄청난 영향을 주었기 때문이다.

　본서는 조르주 비뇨의 《논증》을 번역한 책이다. 저자는 오늘날 중요성이 더욱 강조되고 있는 담화와 논증의 기원과 발전 과정을 살펴봄으로 해서 보다 더 심도 있는 연구가 행해지기를 바라며, 논증의 과거 역사인 수사학에서부터 논리학, 그리고 오늘날 인지 과정 연구와의 관계를 살펴보는 것으로 이 책을 서술하고 있다. 이런 총체적인 과정을 이해할 때서야 비로소 인간의 사고 능력이나 표현 능력에 대한 연구가 제대로 행해질 수 있다고 저자는 보고 있는 것이다.

번역은 원문에 충실을 기하기 위해서 될 수 있으면 직역을 시도했으나, 새로운 학문적 개념과 용어 번역에 어려움이 커 뜻하지 않은 오역이 염려된다. 앞으로 관심 있는 독자들의 지적을 받아 수정하고 다듬어 나갈 것을 약속한다.

2001년 2월 임기대

색 인

임기대

한남대학교 졸업, 파리 8대학에서 언어학 석사

파리 7대학에서 언어학 박사 학위 취득

현재 한남대학교 겸임교수. 배재대학교 강사

주요 논문: 〈과학적인 프로그램으로서의 언어학〉

〈언어학에서의 연속성과 불연속성에 대한 소고〉

〈언어에서의 이성주의와 인지과학〉

〈언어 이론과 문화의 문제〉 등

역서: 《지능의 테크놀로지》·《분류하기의 유혹》

현대신서
64

논 증

초판 발행: 2001년 2월 25일

지은이: 조르주 비뇨

옮긴이: 임기대

펴낸이: 辛成大

펴낸곳: 東文選

제10-64호, 78. 12. 16 등록

110-300 서울 종로구 관훈동 74번지

전화: 737-2795

팩스: 723-4518

ISBN 89-8038-151-4 04170

ISBN 89-8038-050-X (세트)

【東文選 現代新書】

【東文選 文藝新書】

■ 오블라디 오블라라, 인생은 브래지어 위를 흐른다	무라카미 하루키 / 김난주	7,000원
■ 잠수복과 나비	J. D. 보비 / 양영란	6,000원
■ 천연기념물이 된 바보	최병식	7,800원
■ 原本 武藝圖譜通志	正祖 命撰	60,000원
■ 隷字編	洪釣陶	40,000원
■ 테오의 여행 (전5권)	C. 클레망 / 양영란	각권 6,000원
■ 한글 설원 (상·중·하)	임동석 옮김	각권 7,000원
■ 한글 안자춘추	임동석 옮김	8,000원
■ 한글 수신기 (상·하)	임동석 옮김	각권 8,000원

【조병화 작품집】

■ 공존의 이유	제11시점	5,000원
■ 그리운 사람이 있다는 것은	제45시집	5,000원
■ 길	애송시모음집	10,000원
■ 개구리의 명상	제40시집	3,000원
■ 꿈	고희기념자선시집	10,000원
■ 따뜻한 슬픔	제49시집	5,000원
■ 버리고 싶은 유산	제 1시집	3,000원
■ 사랑의 노숙	애송시집	4,000원
■ 사랑의 여백	애송시화집	5,000원
■ 사랑이 가기 전에	제 5시집	4,000원
■ 시와 그림	애장본시화집	30,000원
■ 아내의 방	제44시집	4,000원
■ 잠 잃은 밤에	제39시집	3,400원
■ 패각의 침실	제 3시집	3,000원
■ 하루만의 위안	제 2시집	3,000원

【이외수 작품집】

■ 겨울나기	창작소설	7,000원
■ 그대에게 던지는 사랑의 그물	에세이	7,000원
■ 그리하여 어느 날 사랑이여		4,000원
■ 꿈꾸는 식물	장편소설	6,000원
■ 내 잠 속에 비 내리는데	에세이	7,000원
■ 들 개	장편소설	7,000원
■ 말더듬이의 겨울수첩	에스프리모음집	7,000원
■ 벽오금학도	장편소설	7,000원
■ 장수하늘소	창작소설	7,000원
■ 칼	장편소설	7,000원
■ 풀꽃 술잔 나비	서정시집	4,000원
■ 황금비늘 (1·2)	장편소설	각권 7,000원

현대신서 11 : 옥스퍼드대학 철학입문

우리는 무엇을 아는가

토머스 나겔
오영미 [옮김]

　보통 사람들에게 철학의 어려운 질문들이 문제시되어야 하는가? 저자는 왜 철학의 문제들이 수세기에 걸쳐 끊임없이 사상가들을 매료시키고, 또 당혹케 해왔는지를 생생하고 이해하기 쉬운 산문체의 글을 통해 밝힘으로써 그 문제들을 새롭게 조명한다.

　철학에 대해 배우는 가장 좋은 방법은 그 문제와 정면으로 부딪히는 것이라고 주장하면서, 그는 우리가 스스로에게 던질 수 있는 가장 중요한 몇 가지 질문들을 시작한다. 우리는 진정으로 자유 의지를 가질 수 있는가? 우리는 왜 도덕적이어야 하는가? 우리의 정신과 두뇌 사이에는 어떤 관계가 있는가? 사후에 삶이 존재하는가? 우리는 죽음에 대해 어떻게 느껴야 하는가? 수십억 광년의 거리를 가진 거대한 우주에서 우리가 살아가면서 행하는 어떤 것이 정말로 중요한가? 만약 그게 중요하지 않다면, 중요하지 않다는 그 사실이 또 문제가 되는가? 이러한 것들은 우리가 인간의 상황에 대해 던지는 영원한 질문들이며 나겔은 그것들을, 그리고 그와 유사한 다른 문제들을 사려 깊고 분명하게 그러면서도 유머를 가지고 탐구한다. 그는 자신의 의견을 자유롭게 토로하지만, 언제나 스스로 사고하도록 독자들을 격려함으로써 독자들이 다른 해답을 찾을 수 있는 여지를 남겨두는 참신함과 겸손을 잃지 않는다.

東文選 現代新書 2

의지, 의무, 자유

루이 밀레
이대희 옮김

　자유 속에서의 우리의 의지는 선의 완성 속에 고정되어 있지 않기 때문에, 우리 존재의 근본적인 법칙은 의무의 형태를 취한다. 그러므로 우리의 운명은 끊임없이 원하는 바에 따라서 선택하는 것이다. 우리는 어떤 의미에서는 항상 '가능태'이다. 다시 말하자면 우리는 다른 사람과 함께, 다른 사람 덕분에, 그리고 다른 사람을 위해 현재화하기 위해 산다. 그 어떤 것도 고독하지 않을 뿐만 아니라, 그 어떤 것도 확정적이지 않다.

　육체의 자유로운 처분과 자본의 자유로운 순환. 자유결혼과 자유교역, 여성해방과 해방신학…… 경제에서 도덕에 이르기까지 근대성은 자유를 요구한다. 그런데 그것은 공기처럼 자유로운 것을 말하는가, 또는 자유낙하할 때처럼 자유로운 것을 말하는가? 나는 자유롭다고 착각하고 있는가? 혹은 참으로 자유로운가? 혼자 자유로운가, 아니면 다른 사람과 함께 자유로운가? 그리고 의무는 또 어떻게 할 것인가?

　자, 이제 분명하고 엄격하게, 그리고 깊이 생각해 볼 때가 되었다. 이것이 이 책의 목적이다. 이 책은 자유와, 자유에 필연적으로 뒤따르는 개념인 의무와 의지에 관해 비켜갈 수 없는 아홉 개의 주제를 정확하게 다루고 있다.

　본서는 프랑스대학연합출판사에서 펴낸, 고교 최종학년의 대학입학자격시험 논술 과목 마지막 정리를 위한 텍스트이다.

東文選 現代新書 72

문학논술

장 파프 / 다니엘 로쉬

권종분 옮김

  의사 소통을 하기 위해 우리 인간은 자신의 신체, 목소리, 손을 이용해 의사 표현을 한다. 그리고 글을 쓸 때, 특별히 한 손을 사용한다. 글을 쓴다는 것은 단순히 손동작만으로 충분하지 않다는 것쯤은 누구나 잘 알 것이다. 간단히 말하자면, 글로 표현한다는 것은 자신의 생각을 다듬어서 논리적으로 기술한다는 것일 수 있다. 특히 수능 시험과 같이 논술을 요구하는 상황에서 더욱 그러하다. 그러나 아직까지는 논술이란 용어가 우리에겐 국민 윤리만큼이나 이론적이다. 그런 의미에서 이 책은 한편으론 논술에 필요한 구체적이고 상세한 상황들을 제시하며, 다른 한편으론 각 장르별 문학 작품을 통한 논술의 실행으로 우리의 이해를 돕고 있다.

  이 책은 문학논술의 기술적인 측면에 접근하기 위한 방법론적 지침서를 제안한다. 각각의 단계들은——주제 분석, 문제점에 대한 정의, 개요 구성과 작문——전개된 예문들로 설명된 명확한 도움말의 대상이 된다. 일반적 주제, 또는 특별한 작품에 해당하는 8개의 주제가 해석·논의된다. 복잡하고 자주 두려움을 주는 연습 규칙들을 설명하면서, 이 책은 학생들에게 그것들을 자유자재로 다룰 수 있는 가능성을 주고자 하는 것이다.

이성의 한가운데에서

── 이성과 신앙

알랭 퀴노 / 최은영 옮김

이성과 신앙은 어떤 관계인가? 이 질문은 언제나 제기할 수 있는 것이다. 우리는 왜 그런 질문을 제기하는지 그 이유를 알 필요가 있다. 그 질문을 오늘날에는 왜 제기하며, 철학적으로 무슨 이유에서 제기하는가?

우리는 이성에 대한 추론을 신앙에 대한 추론과 비교해야만 하는가? 신앙과 이성이 실존의 의미를 이해할 수 있도록 보완해 주고 있지는 않은가?

진정 당신은 무엇을 믿고 있는가? 또 생을 위해 무엇을 기대하고 있는가?

이성은 자신이 생각한 모습으로 그렇게 나타난다. 이성 안에 존재하며 이성을 숨기고 있는 신앙은, 기쁨이 신앙 자체와 혼동되고 있음을 파악하고 있다. 신앙은 신앙의 행동으로 나타나지 않으며, 그리고 신앙은 보이지 않는 모습으로 적절하게 드러나고 있다. 신앙은 순수한 이성은 아니지만, 옷을 입지 않은 이성이며 옷을 벗은 이성이다.

이성은 누구나 좀더 선명하고 현실적인 세상에서 살 수 있도록 하기 위해 질문을 제기하는 사명을 띠고 있다.

경솔하지만 위험을 무릅쓰고 질문에 대답하고, 그 질문에 관해 이야기할 필요가 있다. 그것이 바로 사고의 자유를 구속하기보다는 반대로 사고에 더 큰 자율성을 부여해 줌으로써 완전히 주장할 수 있도록 해주는 이성과 신앙의 상관 관계의 본질이다.